O DOCE VENENO DO ESCORPIÃO

Bruna Surfistinha

O DOCE VENENO DO ESCORPIÃO

O diário de uma garota de programa

Depoimento a
Jorge Tarquini

28ª impressão

PANDA BOOKS

Diretor editorial
Marcelo Duarte

Diretora comercial
Patty Pachas

Diretora de projetos especiais
Tatiana Fulas

Coordenadora editorial
Vanessa Sayuri Sawada

Assistentes editoriais
Juliana Silva
Mayara dos Santos Freitas

Assistente de arte
Carolina Ferreira

Projeto gráfico
Luciana Porto Alegre Steckel

Diagramação
Divina Rocha Corte

Preparação de texto
Alessandra Miranda de Sá

Revisão
Ana Maria Barbosa
Cristiane Goulart
Maria Dolores D. Sierra Mata

Foto da capa
Carol do Valle

Impressão
Loyola

CIP – BRASIL. CATALOGAÇÃO NA FONTE
SINDICATO NACIONAL DOS EDITORES DE LIVROS, RJ

Surfistinha, Bruna
O doce veneno do escorpião / Bruna Surfistinha. – 1.ed. – São Paulo : Panda Books, 2005. 172 pp.

ISBN: 978-85-76950-17-2

1. Surfistinha, Bruna. 2. Prostitutas – Biografia. I. Título.

05-2960

CDD 920.930674
CDD 929:392.65

2015

Um selo da Editora Original Ltda.
Rua Henrique Schaumann, 286, cj. 41
05413-010 – São Paulo – SP
Tel./Fax: (11) 3088-8444
edoriginal@pandabooks.com.br
www.pandabooks.com.br
Visite também nosso Facebook, Instagram e Twitter.

Interfone. Ele chegou! Deixei subir. Enquanto ele pega o elevador, checo os últimos detalhes: cabelos escovados, pele cheirosa, boca pronta para o que der e vier. No quarto, a cama à espera, a luz bem leve. Para completar o clima, coloco um CD (se ele for chato, toco baladinhas, *techno*, para agitar um pouco; se for legal, prefiro Jota Quest, Emerson Nogueira, uma coisa mais romântica). Visto uma saia bem curta e provocante, com um *top* que valoriza meus seios. Tudo fácil de tirar. Ou de ser tirado. Calço sandálias bem altas. Não que me importe de ser baixinha. Faz parte do meu charme. Toca a campainha. Atendo. Ele entra. Me beija no rosto e se apresenta, já que é sua primeira vez comigo. Mesmo sem precisar, faço o mesmo. Pego ele pela mão e o levo até o sofá. Em clima de namoro, a conversa começa e logo ruma para a putaria.

"Hoje, quero te pegar de jeito, por trás."
"Mas você quer minha bu… ou meu c…?"
"Eu quero tudo", ele responde no meu ouvido enquanto passeia sua mão pelas minhas coxas.

Sua boca ofegante roça o meu pescoço; sinto a barba por fazer, enquanto com minhas mãos entre suas pernas sinto o mundo virar pedra. Com um puxão dele, o *top* desliza e meus seios pulam para fora. Como quem descobre um novo brinquedo, deixo que ele segure firme, mas com carinho. O bico do meu seio fica intumescido com aquela língua atrevida passeando pela auréola. Sinto sua respiração quente, ofegante. Lambe um seio, depois o outro, junta os dois com as mãos, querendo encher a boca como um garoto guloso. Na confusão de roupas tiradas com pressa, ele puxa minha calcinha e desce com a boca até o umbigo. Para. Me olha com um jeito sacana.

"Você quer que eu te chupe?"
"Quero."
"Agora ou depois?"
"Você é quem sabe… A língua é sua."
"Mas a bu… é sua."
"Então, quero agora."

Gozei muito, sem precisar de nenhum esforço interior. Foi bom de verdade. E estava só começando.

Subimos a pequena escada de caracol do meu *flat* direto para o quarto. E ele já foi "encapotando" o p…, para aproveitar o meladinho da bu…, e engatamos o mais comportado papis e mamis.

"Cavalga em cima de mim."

Primeiro, montei de frente e, com ele todinho dentro de mim, me virei de bumbum para ele. Não demorou muito até que ele saísse de mim e me pedisse para retribuir com a boca a gentileza. Chupei até ele gozar, com ele agarrando com delicadeza meus cabelos longos.

Mal deu tempo de a gente conversar. Ainda com a boca, reanimei o menino. Num 69 alucinado, ele começou a brincar na minha bunda. Isso me excitou. Não resisti e montei. Ele, todo engatado no meu c…, me levantou e me botou de quatro. No fim, pediu para gozar na minha boca mais uma vez. Deixei. O CD chegou ao final quase junto com o nosso segundo tempo. *Game over*. O fim do CD é o sinal de que a hora que ele tem comigo acabou. Se quiser, pode tomar um banho, pagar o que combinamos por telefone e…

"Até logo."

Sem ressentimentos. A fila anda. Serviço prestado, pagamento feito (e conferido, de forma discreta, sem ele perceber, claro). Ele foi o primeiro cliente do dia. Tenho mais cinco pela frente. Com menos de uma hora e um banho entre um cliente e outro, mal tenho tempo de me refazer. Prefiro fazer tudo de uma vez, cumprir logo minha meta de cinco programas diários e ficar livre o quanto antes. Hoje, a agenda está funcionando. Quando eu ou o cliente nos atrasamos, o jeito é o próximo que chega ficar lá na recepção, esperando. Até tudo recomeçar.

O ritual da chegada, do *check-list* do corpo e do quarto assim que o interfone toca é o mesmo para os que virão. O segundo cliente é o tipo de cara bem tímido, que você tem de pegar pela mão e com quem se tem de conduzir a transa. Foi mecânico. Com ele, não consigo gozar, pois a trepada é tensa – para os dois. O terceiro, moleque de tudo, tem fôlego (e rapidez) para me comer três vezes. Como é o terceiro programa comigo, batizei-o de coelhinho – mas ele não sabe. Na base da rapidinha, quem não tem tempo de gozar sou eu. Não faz mal: rola afinidade e a gente sempre conversa bastante.

O quarto traz a amante para uma festinha a três. Uma mulher muito interessante – e entendida do riscado. Não era bonita, porém me acendeu. Se eu não me controlo, e a amiguinha dele também, quase que ele fica "na mão", literalmente. Claro que eu não ia deixar isso acontecer... Enquanto ela me chupava, com ele me comendo, cavalguei gostoso e gozei. Não pela cavalgada, mas pela língua.

O quinto era estilo "homem para casar". Não rolou química, mas teve muita afinidade. Quarentão, conseguiu fazer uma coisa que eu nunca tinha visto: gozou sem nem tocar no p... enquanto eu chupava o saco dele. Ah, ele me trouxe uma torta de limão. Muito boa. Depois de eu cavalgar um pouquinho, o segundo tempo terminou com ele gozando na minha boca.

O sexto e último do dia quer que eu o leve a um clube de *swing*. É sua primeira vez em uma casa dessas. Mais um que vou levar para o mau caminho...

Como a noite estava gostosa, e fazia tempo que eu não usava vestido, escolhi um que, na verdade, é apenas um pedaço de pano: tem um decotão na frente e é do comprimento que cobre apenas o bumbum e a bu... Aproveitei para ir com uma sandália de amarrar na perna. Queria arrasar. E, claro, consegui. Eu era a mais gostosa do Marrakesh naquela noite. Mas ele, mesmo depois de bebermos e dançarmos um pouco, não conseguia entrar no clima de suruba.

"Não estou à vontade numa sala com tanta gente trepando."

Fomos para a única sala onde homens desacompanhados podem entrar. Sentei em um sofazinho vazio e ele começou a me chupar. Do nada, apareceram uns caras. Sentou um de cada lado no sofá e outros dois ficaram de pé, só olhando. Quando ele percebeu o movimento, se assustou e acabamos indo para um quartinho privativo, só nós dois. Como tinha rolado química, nem fiz questão de trocar de casal. Ele também não quis. Rolou a noite toda. Chupeta, espanhola, beijo grego... Sempre que vou num *swing*, fico excitada com a chance de, numa dessas trocas, ficar com uma mulher interessante. Hoje, para sorte do meu cliente, só havia tiazinhas. Nada contra as tias, só que não me dão tesão. Quase rolou com um quarentão que me puxou, mas ele estava desacompanhado. Mesmo que não tenha rolado de eu chupar nenhuma bu... ou de ter trocado de casal, a madrugada valeu muito. Cheguei em casa às 5h30 da manhã.

Transas enlouquecidas, surubas, muitos homens (e mulheres) diferentes por dia, noites quase sem fim. O que pode ser excitante para muitas garotas como eu, na efervescência dos vinte anos, para mim é rotina. É meu dia a dia de labuta já faz três anos. Trabalhando cinco dias por semana, com uma média de cinco programas por dia – é só você fazer as contas para saber quantas vezes já transei por dinheiro. Por mais que eu chegue a curtir, a gozar de verdade, ainda assim é trabalho. Trabalho que escolhi por não ter outra escolha quando... Bem, é uma longa história. A minha, pessoal, e a da Bruna. Sim, somos duas. Com duas histórias diferentes numa mesma garota: eu.

Raquel, a menina.
Bruna, a mulher.

Um desconhecido. Eu dançava sozinha quando esse menino me puxou para um beijo. Minha primeira balada à noite. Nem perguntei seu nome. Meu primeiro programa de "adulto". Liberdade aos 13 anos, quase 14. Não fazia nem meia hora que eu havia chegado. Meu primeiro beijo. Ali mesmo, do beijo passamos ao amasso, no meio da pista. Quando eu menos esperava, ele me largou. Tudo assim, sem sentimento, sem trocar uma palavra. Naquela noite, fiquei com outros dez garotos diferentes. Não bastava um: tinham que ser vários para me satisfazer. Raquel despertava para o sexo.

Um desconhecido. Mesmo nervosa, eu me apresento com um texto ensaiado ali, na hora: "Sou a Bruna, faço oral, vaginal e anal". Completei dizendo minha idade falsa, "18 anos", sem saber que nenhuma garota faz disso *marketing* pessoal.

Ninguém podia saber que era meu primeiro programa. Fazia apenas meia hora que eu havia saído da casa dos meus pais para chegar àquela nova casa.

Minha estreia aos 17 anos. Não diria àquele estranho que nunca tinha feito sexo por dinheiro. Ele me escolheu, de cara. Eu queria sumir, sair correndo e voltar para a casa dos meus pais. Em vez disso, subimos para o quarto. Penso na minha mãe. Um estranho me toca e quer transar sem camisinha. "Ela deve estar sofrendo." Não deixo ele me tocar. Depois de ele brincar de ginecologista comigo, enfiando seu dedo e cheirando para saber se estava "tudo bem", me penetrou com camisinha. Eu só pensava: "Vou pegar o dinheiro desse cara e voltar para casa. Ainda dá tempo de desistir e ir embora". Acabei fazendo seis programas naquela tarde. Nunca mais voltei para casa. Nunca mais vi meus pais. Bruna nasceu para o sexo.

Pouco mais de três anos separam esses dois momentos tão distantes um do outro. No primeiro, Raquel mudava da água para o vinho, da meiga filha mimada para uma adolescente sem freio, mentirosa. Havia treinado muito beijo no espelho do banheiro, na laranja, no braço, sempre confiante nas dicas das revistas de meninas. Ao vivo, tinha sido muito melhor. No segundo, achei no meu corpo, entre as pernas, a chave da liberdade e o meu ganha-pão, mesmo que isso significasse mentir minha idade e colocar em prática, por 100 reais o programa, com 40 reais de lucro para mim, o pouco que havia aprendido em seis transas com um namoradinho sério e outro ficante.

Na pista da Kripton, em plena Vila Olímpia, a cada noite de balada eu queria mais e mais. Ia de saia bem curta, para facilitar as coisas para quem quisesse sentir com as mãos o que a quase escuridão não deixava mostrar. Se não transei bem ali, se não quis perder no meio da pista minha virgindade, não foi por falta de oportunidade. O prazer que experimentava ao sentir o pênis do garoto, duro por minha causa debaixo das calças, me roçando aqui e ali, era quase irresistível. Quase...

Abri muito zíper de garotos na pista mesmo, só para baixar sua cueca e puxar seu pênis um pouco para fora para brincar. Não tinha a menor ideia de como masturbar um homem, até que um deles me pediu, com todas as letras: "Bate uma pra mim". Sem saída, disse a verdade: "Não sei". Encostados em uma parede próxima da pista, comigo, sem graça, ouvindo seu riso sacana, ele pacientemente pegou minha mão e me ensinou o movimento. Dali para a frente, só não fiz isso com quem não quis. É fantástico fazer um cara gozar, sentir prazer. Comecei a punhetar todos com quem ficava enquanto dançava. Ninguém à volta percebia, pois muitos estavam ocupados fazendo exatamente a mesma coisa que eu e meu ficante da vez. Cheguei mesmo a ver muitos casais transando de verdade nos sofás. Com os seguranças do lugar, não havia problemas: se pegassem um casal mais atirado ou exibicionista, pediam apenas para maneirar.

Nunca transei na balada. Houve muitas oportunidades, mas nenhuma coragem. Para perder a virgindade, teria que ser com alguém especial. Sou romântica. Não que isso me impedisse de começar a deixar que os garotos me tocassem mais intimamente. Sob a saia bem curta, abaixava um pouco minha calcinha e, só com o contato das mãos entre minhas coxas e na minha vagina, ficava supermolhada. Achava que aquilo era gozar. Só depois descobri que "chegar lá" era mais, muito mais – e melhor. Aprendi que o gozo, para mim, começa com um friozinho na barriga. Mesmo assim, não queria transar.

Cheguei muito perto de ir até o fim algumas vezes. Por duas vezes, entrei no carro, eu e meu ficante tiramos nossas roupas, fizemos de tudo e eu fui até onde conseguia. E olha que já era bem longe. Na hora de transar de verdade, de ser penetrada, ficava arrependida e com medo.

"Eu preciso ir embora."
"Agora que a gente tá no embalo?"
"É que meu pai vem me pegar daqui a pouco."

"Ele espera", dizia o outro, já com o p... duro para fora da calça e as mãos parecendo dois polvos, cheias de dedos em cima de mim.
"Não dá."
"Mas você já tá quase pelada, já fizemos quase tudo. Só falta o principal..."
"Vai ficar faltando, me desculpe."

Sempre arrumava uma desculpa e caía fora.

Para o garoto, mais velho e maior de idade, eu seria apenas "mais uma". E eu não queria ser apenas "mais uma". Me sentiria usada. Ainda restava um pouco de razão na minha cabeça romântica. Transar ali para nunca mais ver o cara? Não era meu ideal de primeira vez. Sem falar no medo da dor e do sangramento do qual falavam as revistas de adolescentes. Achava que sangraria horrores, como uma torneirinha de sangue.

No fundo, era inexperiência mesmo. Sem querer confessar ser virgem, e igualmente sem coragem para pedir uma camisinha, me imaginava no lugar de uma amiga que engravidou aos 15 anos. Ela nem sequer sabia quem era o pai da criança. "Mãe, quem é o meu pai?" "Não sei, filho..." E eu sei bem o que significava esse tipo de diálogo.

No meu primeiro dia na casa da Franca, a última coisa que eu queria era que descobrissem minha falta de experiência. Cheguei lá pelas duas da tarde, depois de ter caminhado desde o Paraíso, onde morava, deixando para trás tudo o que tinha: mãe, pai, quarto, roupas. Carregava um fichário e a mochila do colégio com poucas roupas e muitos biquínis para usar no meu primeiro emprego. Perda de tempo: nenhuma das garotas trabalhava de biquíni...

Sem roupa decente para trabalhar, as outras garotas me arrumaram umas coisas horrorosas. Justo eu, que sempre me expressei pelo uso de marcas de grife, que compensavam minha gordurinha e minha síndrome de patinho feio. Tive de me conformar. Sabia que um dia ganharia meu dinheiro e compraria tudo outra vez.

A cafetina da casa da Franca, Larissa, foi a única para quem disse uma parte da verdade. Ela me pediu o RG, e não tive como esconder: eu só tinha 17 anos. "Não diga nada a ninguém sobre isso", ela me aconselhou.

Por mais que tentasse bancar a experiente na frente das outras garotas, de cara dei bandeira:

"Com que nome você trabalha?", perguntou Larissa.

"Raquel", disse, sem um pingo de malícia.
"Nenhuma garota de programa usa seu nome de verdade. Aqui, vai ter de trocar."
"Você combina com Bruna", disparou a Mari, que acabou virando uma boa amiga.

Não me lembro por que, quando foi ou quantos anos eu tinha, mas não esqueço que cresci com a história de ser adotada na cabeça. Quando tinha cinco anos, perguntei à minha mãe. Diante da resposta positiva, não tive coragem de perguntar o que significava, afinal, adoção. Levei minha dúvida para a professora da escola, que me explicou que as pessoas adotadas foram bebês abandonados em um lugar porque a mãe não podia ou não queria criar. Depois disso, vem um casal e escolhe uma dessas crianças para a adoção. "Escolhe?" Me senti um objeto. Por mais que meus pais sempre tivessem me tratado como filha, foi difícil não me revoltar, mesmo que guardasse isso só para mim. Pô, filho era o que nascia da barriga. Só comecei a aceitar o contrário bem mais tarde. Talvez tarde demais.

Tentava levar tudo numa boa, pois tinha mesmo uma família. Mas sempre vinha alguém e comentava que eu era muito diferente das minhas irmãs mais velhas e da minha mãe. Ela é bem europeia, pele clarinha, cabelos e olhos escuros, traços delicados. A gente só se parece na altura: ela é tão baixinha quanto eu. Às vezes até trocávamos algumas roupas, uns casacos. Mas as semelhanças ficavam por aí. Minhas duas irmãs, ao contrário, são iguaizinhas à minha mãe.

Mesmo um tio meu jamais me tratou como sobrinha. Para os que não conheciam meu pai, a desculpa era "ela puxou a ele". Nem na sombra: ele tem 1,92 metro, é gordo, branquinho... Em alguns momentos, para me defender desse preconceito, dessa agressão, minha mãe mentia para os desconhecidos, inventava algo para me resguardar. Quanta inveja eu senti das minhas amiguinhas que se pareciam com seus pais, com sua família de verdade! A raiva ia dos meus pais biológicos para os adotivos. Quando brigávamos, eu os chamava de tio e tia. Coitada da minha mãe... Mas eu não tinha maturidade nem estrutura para lidar com isso sozinha.

Com sete anos, em 1991, voltamos todos para Sorocaba, local de origem da minha família adotiva também. Ou melhor, nos mudamos para nossa chácara, em Araçoiaba da Serra. Meu pai havia sofrido um acidente e tivera de parar de trabalhar. Um dia, na garagem do prédio, se abaixou para pegar alguma coisa e, quando levantou, bateu a cabeça numa viga mais baixa do teto. Aquela pancada afetou seriamente seu cérebro, nem sei explicar como. Só quando o vi desmaiado pela primeira vez, no meio da sala, senti o quanto era grave. Quando meu pai viu que não tinha como continuar trabalhando, no auge de sua carreira de Direito, se abateu, ficou muito deprimido. Foi melhor mesmo a gente se mudar para a chácara.

Apesar de ter sido uma fase muito tensa e difícil com a doença do meu pai, não tenho do que me queixar: enquanto era poupada, sempre que possível, do clima de doença, brincava muito, inclusive com minha mãe e, às vezes, até com meu pai. Ele pendurou uma tabela de basquete no quintal, no meio das árvores de frutas, e eu passava horas treinando, sonhando em um dia ser uma profissional. Com minha altura, seria mais um sonho do tipo impossível...

Para mim, todas as prostitutas de São Paulo estavam na Augusta. Eu já havia passado por lá muitas vezes, inclusive com meus pais. "Olha lá aquelas putas", alguém comentava. "Como é que uma mulher chega nesse ponto?", eu pensava. Para mim, só tinha putas ali, naquela rua suja, feia. Ou, então, elas viviam naquelas casinhas velhas, caindo aos pedaços, com mulheres muito maquiadas penduradas nas janelas, chamando os homens que passam pela rua. Lá dentro, bastava elas abrirem as pernas e esperarem o cliente gozar: pronto. A tal "vida fácil". Garota de programa seria assim, também? Não pelos anúncios de jornal. "Você, menina de 18 a 25 anos, atenda a executivos ganhando no mínimo 1.000 reais por semana."

Nas semanas anteriores à minha fuga, quando já estava decidida a sair de casa, comprei jornais para ver os classificados e cabulei aulas para visitar muitos desses lugares: boates, privês, casas de massagem. Não vi nada que se aproximasse daquela imagem bagaceira da Augusta, muito menos das mulheres acabadas. A maioria dos lugares, como o Bahamas, era de bom gosto, elegante mesmo. Por fora, você nem se toca do que é lá dentro. Casas que encheram meus olhos. As garotas que vi por lá não tinham nada de anormal, não tinham "puta" estampado na testa nem ficavam na porta se oferecendo a quem passasse.

O privê da alameda Franca, nos Jardins, foi a minha escolha. Eu não sabia fazer nada, nem tinha experiência ou segundo grau completo. Para sair de casa, teria que pagar para ver – e ganhar os tais 1.000 reais pelo que fizesse. O preconceito foi embora e eu disse: "Vou ter que ser isso". E, confesso: fantasiei muito com a possibilidade de ter vários homens e comecei a gostar da ideia. Afinal, só tinha transado seis vezes, de modo bem mecânico, e nunca tinha visto um filme pornô na minha vida. Ia ser a chance de descobrir até onde o sexo podia me levar.

"Isso, abre bem as pernas."
"Está bom assim?"
"Deixa o doutor examinar essa bu…, para ver se está tudo certinho."
Vem um dedo, depois outro, que ele tira e cheira.
"Hummm, você passou no exame médico."

Após estrear com o "ginecologista", que dizia ter certeza de que a garota não estava doente apenas cheirando seus dedos depois de enfiá-los nela, a ilusão de "abrir as pernas e pronto" não resistiu. Nem a fantasia de ter muitos homens diferentes, pois pensava na *minha* referência de homem. Mas foi bom ter tido um "tratamento de choque" para ver se queria mesmo ter minha independência.

Foi difícil estar na cama com uma pessoa estranha, mesmo que fosse o ajeitadinho metido a ginecologista. Imagine, então, subir com um velho japonês de sessenta anos, gordo, imenso. Ele foi o meu segundo. Nunca pensei na vida em pegar um cara assim. No entanto, ele me pegou – e me pagou. Para dizer não, teria de pagar à casa o que o cliente pagaria pelo programa. Esse era o acordo. Fiz minhas contas: para ganhar cem reais, tinha de fazer três programas. Ser escolhida, e não escolher. Não é à toa que tanta garota de programa cheira cocaína e puxa muita maconha. Senti isso na pele. Cheirando e fumando.

O japa foi tirando a roupa, e eu só pensando em dinheiro. Tinha uma hora pela frente com aquilo. Ele era mais velho que meu pai! Só pensava em fazer ele gozar logo para acabar de uma vez com aquilo. Chegamos a conversar um pouco. O p... não subia; eu chupava, esfregava, e nada. Veio um monte de sensações, cheiros, coisas que eu não queria sentir. Fingia para mim mesma não sentir. Ele passava a mão em mim. Não gostei.

Até hoje, às vezes, tenho nojo de ver uma mão fazendo carinho no meu corpo. Faço neles, mas nem sempre curto receber. Só transo ouvindo música, que me ajuda a divagar, a entrar em outra sintonia (além de o CD durar exatamente o tempo do programa, o que me ajuda a controlar a hora trabalhada). Há vezes em que imagino outro homem ali, um namorado. E olho para o lado, só para não ver a mão passeando por mim, pela minha intimidade. É uma questão de pele. Mas fui em frente e consegui fazer o japonês ficar de p... duro. Não sabia o que era pior.

Botei nele uma camisinha, fiquei por cima dele, cavalguei, ele me comeu e, claro, não foi bom. Foi mais do que mecânico. Nesse dia, cheguei a chorar com outro cliente. Para todos que me comeram naquele dia, contei que era meu primeiro dia como garota de programa.

Todo mundo sempre se dá algo para compensar um dia ruim, uma semana difícil. Com garotas que vivem do sexo, não é diferente. "Eu mereço!", pensei. Com o primeiro dinheiro de putaria que consegui ganhar e juntar, me dei um celular de presente. Me senti recompensada, de alguma maneira, por cada vez que engoli meu nojo para não perder o programa. É engraçado, mas nunca senti nojo do cara antes de chegar na cama, qualquer que fosse sua aparência. É só quando chega lá, mesmo. Não por algo que o cara tenha no corpo, um defeito ou uma cicatriz (embora tenha minhas preferências...). O que me pega é o cheiro. O cheiro do corpo. Tem homem que toma banho e não adianta. Tem os que chegam com bafo, também. Esses são os piores. Por isso beijos são uma coisa delicada. Eu não beijo todos. E nem todos querem beijar. Os carentes são os que mais beijam. Só que, mesmo não estando a fim, tenho de beijar. E vai do jeito que dá, meio sem vontade. Eu não tenho muita escolha. Faz parte do meu negócio. Então respiro fundo e vamos lá.

Os pouco mais de três anos que vivemos na chácara chegavam ao fim. Meu pai já estava bem melhor das sequelas do acidente e eles decidiram que seria importante para minha educação voltar para São Paulo. Afinal, eu iria para a quinta série em 1995. Minha irmã mais velha já havia se mudado para Cajuru, próximo a Ribeirão Preto, por causa de trabalho. A do meio estava morando em nosso apartamento. Por isso, meus pais compraram um novo para nós, no mesmo bairro. Cada um teria seu canto. Realmente moderno, levando em conta os conceitos morais dos meus pais: uma morando no interior e a outra morando sozinha. Se fosse verdade que os mais velhos amolecem as coisas para os mais jovens, não teria com que me preocupar.

Com a mudança, tive de deixar para trás uma bóxer, Lunna, minha preferida, a *weimaraner* Fedra e o Paco, um vira-lata. Porém, o mais importante deixado lá foi um pedaço da minha infância, da minha felicidade. Voltar para São Paulo, por mais que eu amasse a cidade, virou um tormento. Meus pais tinham medo de assalto, de estupro, de tudo. E me prendiam. Para quem foi criada solta, brincando na rua ou no quintal, era a morte ficar presa naquele apartamento no Paraíso. Já tinha 11 anos e queria fazer do mundo o meu quintal. Minhas amigas começavam a ir ao *shopping*, às matinês dançantes, e eu não podia. Sem liberdade, passei a mentir para ir onde queria.

Minha mãe tinha ciúmes de mim. E demonstrava isso. Nem namorar, mesmo que fosse o carinha mais perfeito do mundo, eu podia. Já meu pai... Ele nunca fez seu papel de pai. Tudo bem, teve o acidente, a doença, ele deixou sua carreira brilhante bem no topo, viveu uma depressão fodida. Hoje sei que, muitas vezes, ser agressivo comigo era culpa de tanto remédio tarja preta que ele tinha que tomar. Se antes eu o culpava, percebo agora que não foi bem assim.

A tal fase de adolescente rebelde que o excesso de proteção desencadeou ficou quase fora de controle, e as brigas, principalmente com meu pai, viraram rotina. Quase sempre pensava em sair de casa ou ir atrás dos meus pais biológicos para saber se eles me queriam de volta. Se a razão para me abandonar fosse financeira, não haveria problemas. Eu trabalharia, me bancaria. A única direção que poderia me ajudar na busca dos meus verdadeiros pais estava em Sorocaba, onde nasci e fui adotada. Mas, na verdade, nunca fui atrás.

Eu estudava no colégio Bandeirantes, tradicional e superpuxado – tanto que, quando passei com muito sacrifício, mas sem recuperação, para a sexta série, fiquei na última sala da turma, a 6s4. Quem estudou lá sabe bem o que essa pecha significa... Meus pais, no entanto, estavam orgulhosos de mim, mesmo assim. Se por um lado eu queria liberdade, e mentia muito para consegui-la, por outro ainda tinha meus próprios preconceitos e dúvidas. E bancava a boa filha.

Minha irmã do meio, que hoje tem 30 anos, começou a namorar um rapaz que meus pais não aprovavam. Ela já morava sozinha. Bem... Digamos que nem sempre. Minha mãe descobriu esse pequeno detalhe. A pressão para que terminasse o namoro foi grande e ela não teve dúvida: desapareceu com o cara. Vi o sofrimento dos meus pais com essa situação. Eu não podia ficar indiferente a isso. Quanta raiva senti da minha irmã. O quanto rezei para que meus pais não sofressem tanto... Acho que foi a única vez na vida em que rezei pedindo alguma coisa, e nem era para mim. Eu sempre agradeço pela proteção e só. Acho que Deus não faz nada por nós, além de nos proteger. Mas eu queria que Ele fizesse por meus pais. Mal sabia que eu mesma, dividida entre a censura à minha irmã e o desejo de liberdade, apertaria o botão de *replay* nessa história.

Quando o romance da minha irmã acabou, pelo visto por decisão do rapaz, ela voltou para nossa casa deprimida, quase doente, falando em morte e tudo o mais. Meus pais não passaram a mão na cabeça dela, dizendo "filhinha querida, nós te amamos tanto". Deixaram claro que queriam que ela sentisse a dor dos seus próprios erros. Eles a ignoravam, não conversavam com ela. E eu seguia o exemplo deles, por mais que minha vontade fosse abraçá-la, dizer a ela que estava tudo bem.

Lembro o dia em que vi minha mãe conversando seriamente com ela. Eu já conhecia aquela expressão: mamãe ficava vermelha, seus olhos secavam, ficavam sem brilho nenhum. Sua fala era calma, mas num tom de voz estranho, que não deixava dúvidas a respeito da seriedade de suas palavras. A testa franzia de maneira diferente, exibindo rugas que só apareciam quando ela estava brava. Era pior do que apanhar – por mais que nunca tivesse recebido um tapa sequer. No final, claro, viram a seriedade da coisa e a apoiaram. E lá foi minha irmã para o psiquiatra. Comigo foi a mesma coisa. Por que não falavam conosco? Por que nossos problemas tinham de ser resolvidos com estranhos? Eu queria falar, mas com eles. Não discordo do método que usaram, pois talvez não conhecessem outro. Com meus filhos, no entanto, acho que farei diferente quando a hora chegar.

Sempre imaginei que a primeira vez para uma menina tivesse mais peso do que para um menino. Estava enganada. A cada cabaço que tiro, fico mais e mais convencida disso. Tudo bem que, no futuro, eles nem se lembrem direito com quem foi (difícil, no meu caso...), mas a sensação de estar frente a frente com uma mulher, poder tocá-la, ter nas mãos, em vez de uma revista com fotos de mulheres peladas, uma de carne e osso... Finalmente, descobrir a consistência de um seio, aprender como pegá-lo, passear com a mão na gruta de prazeres escondidos que toda mulher carrega entre as coxas. Poder cheirar, lamber. Sinto alguns deles, nos seus 13, 14 anos, trêmulos diante da nudez. Posso quase ler seus pensamentos. "Posso pegar?", é o que mais ouço deles, querendo apalpar meus seios. Mãos geladas, geralmente. Sinto no ar o medo de "falhar". Ou da comparação com o p... de outros caras. Ou ainda de, quase morto de ansiedade, gozar sem nem ao menos completar o que está fazendo ali. Conduzo, ensino, realizo. Me sinto especial. De certo modo, estarei para sempre na memória de cada um daqueles meninos – tão "crianças" quanto eu. E foram muitos.

Como o colégio Dante Alighieri ficava perto da casa onde trabalhava, já deu pra imaginar quantas virgindades "desapareceram" por lá... Os moleques iam em turma. Como não podia entrar menor de idade (mas eu já trabalhava lá, claro), ligavam de um orelhão para saber se estava tudo certo, se não tinha risco de aparecer polícia. Eles vinham num bando enorme, embora fosse tudo com muito respeito, sem zona. Parecia uma excursão gigante, com os garotos usando as calças de agasalho azuis com a faixa amarela e a camiseta básica de malha com o nome do colégio estampado no peito. Vestidos assim, pareciam ainda mais crianças. A gente deixava a porta da casa entreaberta e eles entravam correndo. Todas nós adorávamos aqueles meninos. Eles não iam lá para zoar e gastavam bem.

Eu, com 17 anos, subindo com moleques de 12, 13 ou 14 anos. Muitos eram clientes frequentes, a maioria era virgem. Que estranho: eu, que era inexperiente, estar na cama com alguém ainda mais inexperiente! Mas acabava sendo natural. Nessa idade, os meninos são meio afoitos. No começo, foi estranho, difícil até. Mas eu me acostumei. E descobri como fazer eles relaxarem e irem até o fim. "Devagar." "Tá machucando?" "Sim, faz assim, ó." Não há cartilha que substitua uma boa professora...

Acabava sendo quase sempre a escolhida. Afinal, não parecia tão mais velha do que as meninas por quem eles já tinham batido muitas punhetas, suspirando de paixão. Subia com o garoto. Só quando chegávamos ao quarto alguns deles confessavam ser virgens. "Você não conta para os meus amigos que é minha primeira vez?" "Não tenho por que contar", respondia Nunca ri de nenhum deles. Eu, rir da inexperiência? Ensinava como pegar nos meus seios, deixava que me despissem, que me tocassem, me cheirassem, que vissem de perto como era "a diferença". Ensinava como abrir o primeiro sutiã da vida deles, aquele que ninguém esquece. Ligava o som e conduzia meu *show*. Alguns foram alunos brilhantes.

Gostava de despir o uniforme do menino bem devagar. Era fácil tirar aquelas calças de agasalho, que deixavam ver, antes de tudo, um volume característico entre as pernas. Segurava nos seus p... bem duros, sem querer, no entanto, que gozassem sem fazer nada. Na primeira vez, o risco de isso acontecer, por causa da ansiedade, é sempre alto. Então, começava chupando, para ajudar a relaxar. Acho que, quando chupo um garoto, ele curte mais do que meter de verdade. E, claro, eles adoram. Que tara, não? Com esses meninos, só de ir com a cara, deixei muitos botarem na minha boca sem camisinha. Acho que ensinei bem muitos deles. E foram, quase sempre, transas tranquilas. Nada de malabarismos. Papis e mamis bem gostoso. O negócio deles é meter e curtir. As fantasias e variações só vêm com o tempo. Com os mais experientes, não é bem assim.

Eu fazia de tudo para manter a fama de "santinha" com meus pais. Voltava da balada e comentava com eles apenas o quanto havia dançado. Uma noite, porém, cheguei em casa com o pescoço bem marcado das chupadas do Thiago, um menino com quem fiquei várias vezes. Nunca namoramos porque, quando o vi no claro, a beleza que a escuridão sugeria não dava nem sinal de existir. E também não queria mais machucar os lábios com nossos beijos. O fato de nós dois usarmos aparelho fixo era mesmo torturante. Mas o roxo das chupadas estava lá. Não houve maquiagem que desse jeito. E olha que eu tentei.

Mamãe percebeu, claro, e me obrigou a ir à escola no dia seguinte com uma blusa de linho que cobria o pescoço. Esforço inútil: passei o maior calor e os hematomas não foram escondidos. Não tive vergonha, não. A fama de galinha no colégio pouco me importava. Era como se eu fosse um menino. Para eles, ter fama de galinha era sinal de macheza. Para mim, era um troféu, a prova de que alguém me desejou numa noite. Uma noite de sexo selvagem, quem sabe? Eu sabia da verdade. Eles, não. Esse era o grande barato. Foi o meu jeito de chamar a atenção de todo mundo. Eu, uma garota de 13 anos, cheia de espinhas pelo rosto, ainda meio gordinha, mesmo com vinte quilos a menos, à base de regime. Nenhum garoto da escola me dava bola, nem na rua, nem em lugar nenhum. Apenas na noite. No escuro, eu devia parecer bonita. Como me pareceu o Thiago.

Nessas de me autoafirmar, comecei também a fumar escondida dentro do banheiro do colégio. Fui, sim, uma verdadeira maria vai com as outras. Eu andava com a turminha "do mal". Muitos deles, com 12 ou 13 anos, já fumavam maconha. Eu não queria ser achada de careta, mas ia ficar só no cigarro de cravo, meu preferido. Que graça tinha dar uns tragos numa ervinha enrolada num papel fino escondida pelos becos do Paraíso, em volta da escola, enquanto matávamos aula? Só para ficar rindo à toa e falando merda, coisas sem nexo? Queimei a língua assim que queimei meu primeiro *beck*, logo que fiz 14 anos.

Nessa idade, por mais que a gente se ache adulto, no fundo não dá para ter muita convicção das coisas.. Quando comecei a fumar, por exemplo, eu não gostava do sabor, da tontura que sentia, nem sabia tragar direito – e isso era a morte para mim.

"Olha lá a Raquel: não sabe nem tragar..." Fazer papel de boba no meio da turma? Treinei muito até conseguir esquecer o gosto ruim e a tosse. Tudo para me encaixar no modelo, ser uma igual aos meus amigos. Igual? Amigos? Esses "amigos" se foram. Os vícios ficaram. E não só esses.

Com bebidas foi mais ou menos a mesma coisa. Eu não gostava do sabor, não via graça (quem me viu e quem me vê...). Um dia, para mostrar que estava por dentro, pedi para um cara do colegial, mais velho, comprar uma latinha de cerveja que entornei de uma vez para não ter de sentir muito o gosto. Pedi outra e mais outra, também devidamente viradas em um gole só. Depois da terceira, tudo estava girando. Entre a euforia e o calor da bebedeira, tinha o medo de que algum paisana, um daqueles seguranças do colégio que ficavam disfarçados rondando a vizinhança para pegar alunos fazendo bobagens, me desse um flagra.

Todo esse esforço para ser *cool*, fumar, beber e badalar começou a se refletir nos meus boletins que, quando eu não conseguia interceptar nas correspondências com a ajuda do porteiro do prédio, misteriosamente chegavam às mãos da minha mãe. Lá estavam as faltas (que eu sempre tentava justificar dizendo que o professor não ouvia minha voz dizendo presente) e as notas a cada dia piores, mais difíceis de explicar. Nada disso, porém, me impediu de continuar mentindo e aprontando.

Para compensar a bandalheira, não podia dar bandeira com as notas da escola. Como cabulava todo dia, e não conseguia entender nada das matérias pelos livros, comecei a colar. Os exames das diversas séries, no Bandeirantes, são impressos em papéis coloridos. Simples: eu comprava papéis da mesma cor das minhas provas e, em casa, copiava neles a matéria que eu achava que cairia. A ideia não era minha: vários alunos do Bandeirantes faziam isso. Eu, para variar, só acompanhei a massa. Quando o professor não estava olhando, enfiava essa folha no meio da prova. Perfeito!

A tática funcionou comigo até a última prova do ano, de História. Só precisava de um ponto para passar, mas caí em tentação. E também nas garras da professora. Expulsa da sala, no caminho para casa, andava meio atordoada, assustada com o que meu pai diria ou faria, e quase fui atropelada. Antes tivesse sido. Enrolei muito para subir. Toquei a campainha. Meu pai abriu a porta. "E aí, filha, como foi na prova?" Desandei a chorar. Para minha surpresa, ele me abraçou. Comecei a chorar ainda mais, agora de vergonha. "Se souber, o senhor vai querer me matar." Contei a verdade, esperando sentir sua mão me batendo. Nem sei por que: ele nunca havia encostado sequer um dedo em mim. Ele só quis saber o que me levou a isso e me fez prometer nunca mais colar. Essa não seria a única surpresa, nem a única lição que tirei daí.

No dia em que minha mãe foi chamada ao colégio para conversar com a professora, esta disse que era normal os alunos colarem. E que minha cola estava muito grande. Rindo, mostrou aquele papel enorme. "Você tem que aprender a fazer umas menores." Não acreditei: ganhei uma lição de "faça você mesmo". Ela ainda me elogiou, disse que me daria o tal ponto por eu ter sido uma aluna que não dava problemas. Eu? Que aprontei todas nas aulas dela – isso quando eu ia. A generosidade humana tem caminhos realmente muito estranhos.

Já estávamos no quarto há quase meia hora. Apesar da rapidez, tanto o primeiro quanto o segundo tempo foram muito bons. Tínhamos mais meia hora, mas o mocinho não dava sinais de que chegaria a uma terceira gozada. Deitado ao meu lado, os dois nus, ele me pediu colo. Se aconchegou nos meus braços e lá ficou, brincando com os dedos nos meus seios, deslizando pela barriga e voltando. Foi ele quem quebrou o silêncio. "Eu tenho tesão pela minha própria mãe."

Gosto de conversar com meus clientes. Converso muito e eles acabam se abrindo comigo. Já ouvi cada coisa... É o meu lado psicóloga. Queria ser psiquiatra, mas sei que não conseguiria nunca entrar em medicina. A psicologia está ali, bem pertinho. E é isso que vou fazer, quando voltar a estudar. Material para estudo é que não vai faltar. Bem, não era esse o assunto. Eu já tinha lido *Édipo*, aquele livro que fala do sujeito que sentia atração pela mãe, a Jocasta. Porém, para mim, aquilo não passava de uma ficção da tragédia grega. Até aquela confissão à queima-roupa. Aquele cara, com sua franqueza, despertou minha curiosidade. Falamos muito sobre isso e ele me contou que sua mãe engravidou dele muito novinha, com 16 anos. Ele já devia ter uns 44 anos, pois, segundo ele, a mãe estava com 60.

A atração vem da infância (olha que coisa freudiana!). Quando ele era menininho, a mãe ficava andando de calcinha e sutiã pela casa, bem à vontade. Essa imagem ficou impressa nele. Tomavam banho juntos e tudo. O desejo e a fantasia o acompanharam a vida toda. Mesmo hoje, na idade em que está, o cara é fissurado por transar com ela. Depois do programa, ele disse que me daria o quanto eu quisesse se conseguisse fazer com que ela fosse para a cama com ele. Dei corda na história e pedi dez mil reais. Confesso que o dinheiro era tentador, mas não tinha a menor ideia de como convencê-la a dormir com o filho. Ele me contou como imaginava que seria o sexo, de como ele ia tirar a roupa dela, cheirar sua calcinha, lambê-la inteira, as posições. Mil fantasias. Que continuam só na cabeça dele.

Na lista de "desejos inconfessáveis", os que mais mexem comigo são os de pedofilia. Um dia, vou casar e ter meus filhos. Tremo com essa possibilidade. A primeira vez que um deles se abriu (e foram muitos depois dele) eu tinha 18 anos e ainda não tinha colocado silicone (o que aconteceu alguns meses depois do meu aniversário. Foram 240 mililitros em cada seio, mais pelo trabalho do que por mim mesma. Nunca ouviu falar da "espanhola"? Vou falar disso depois). Meu corpo, naquela época, era bem de menininha. Parecia que eu ainda tinha 15 anos. Isso, eu sabia, deixava alguns clientes malucos. "Filhinha, vem com o titio, deixa eu comer você." Mas esse, no meio da conversa, depois do programa, se confessou pedófilo. Me perguntou se eu não conhecia alguma menina menor de idade, de 13 ou 14 anos no máximo. E nisso também ele não foi o único. Chegou a me contar como o desejo despertava. Ele sente tesão pela sobrinha de 5 anos. Foi contando e um filminho foi passando pela minha cabeça. Ele coloca a menina no colo dele, um carinho normal entre tio e sobrinha. E o p... dele fica duro na hora. A criança não percebe nada, não tem como saber, não entende o que está acontecendo. Ele tentou tocá-la, passar suas mãos nela enquanto dormia, mas a menina acordou. Não julgo ninguém, nem suas fantasias. Quem sou eu? Mas me dou o direito, sim, de ficar assustada e de ter os meus limites.

Minha vontade de descobrir tudo sobre a vida parecia não ter fim quando fiz 14 anos. Claro, sobravam dúvidas. Uma delas dizia respeito à minha sexualidade. Já havia dado muito prazer aos garotos que masturbei nas baladas, já havia segurado muitos p... duros, mas não sabia se aquele era o limite do prazer. Tinha curiosidade de saber como era ter contato com o corpo de outra mulher. E muito medo também. E se fosse lésbica? Naquela fase da vida, só existem duas cores: o preto e o branco. Se não sou preto, só posso ser branco. Mas procurava não pensar muito nisso.

Um dia, na escola, o garoto que sentava na minha frente levou uma *Playboy*. Ele começou a olhar a revista no meio da aula, e eu de papagaio de pirata, superantenada no que via. Nunca tinha visto revistas de mulheres nuas. Essas coisas não entravam na minha casa. Imagine a vergonha de comprar uma na banca. Pedi para ver. Ele me emprestou e eu adorei. Na hora do intervalo, não tive dúvidas: roubei a *Playboy* do menino, enfiei na mochila e levei para casa. Eu já tinha me masturbado vendo a *G Magazine* – tinha comprado montes delas. Mas nunca tinha gozado vendo aqueles caras de p... duro. Quem sabe se, olhando para as mulheres, eu finalmente gozaria. Bingo! Depois dessa conquista, a do orgasmo vendo fotos de mulheres, a curiosidade tinha de sair do papel e ir para a realidade.

Fui a uma festa de debutantes com uma amiga – superamiga – e combinei de dormir na casa dela depois. Bebemos champanhe até não poder mais, ficamos bem alegrinhas. Em casa, ela resolveu tomar banho.

"Pô, você tá demorando aí dentro."
"Não tô te ouvindo."
Entrei no banheiro para brigar com ela.
"Eu também quero tomar banho."
"Entra aqui no *box*, então", ela respondeu, na boa, sem malícia. Aí eu entrei...

Lembro a sensação de prazer e torpor de estar ali, frente a frente com outra menina, nua, tomando banho diante de mim. "O que foi?" "Nada." O tesão foi tomando conta, mas não dei o primeiro passo. Apesar daquela confusão toda dentro de mim, do desejo, da vontade, da disponibilidade, do medo, achei tudo estranho. Eu só olhava. Isso passou, porém, assim que ela tomou a iniciativa. Debaixo do chuveiro quente, o banheiro esfumaçado, nós duas ali, molhadas, em silêncio, e as mãos dela passeando delicadamente por mim, pelo meu corpo. A cada toque, me deixava levar. Retribuía. Recebia de volta. Um corpo igual ao meu. Um sexo igual ao meu. Feminino, arredondado, suave. Ficamos naquela noite e foi muito bom.

Nunca mais isso se repetiu com ela. Ambas ficamos envergonhadas. Também nunca falamos a respeito daquela noite. E a amizade esfriou. Como posso contar ou ouvir coisas de uma amiga com quem já fui para a cama? Voltamos a nos reencontrar, algum tempo depois; nos reaproximamos, mas a amizade nunca mais foi igual. Acho que não deveríamos ter ficado naquela noite. Preferia ter minha amiga de volta, por melhor que tenha sido a experiência.

Um dia, pintaram dois clientes juntos. "Vocês querem ir um de cada vez?" "Queremos ao mesmo tempo." Uau! Será que eu aguento? Nunca tinha feito dupla penetração (a tal DP). Dizem que a curiosidade matou o gato. No meu caso, o gato (ou a gata) tem sete vidas e continua vivinho. "Vamos nessa!" No início, nem sabia para quem eu dava mais atenção. Comecei chupando um, quando o outro veio e se ajoelhou ao lado do amigo e eu passei a fazer rodízio de picolé. Beijava um, depois o outro. Fiquei pensando se ia rolar alguma coisa entre eles, como costuma rolar entre as mulheres num *ménage*. Mas saquei que entre eles não haveria contato nenhum. Só as cabeças dos p... encostavam uma na outra, e mesmo assim quando eu juntava e tentava chupar os dois ao mesmo tempo. Missão difícil... embora não impossível.

Estar com dois homens à minha disposição me deu uma incrível sensação de poder. Um deles se deitou e eu comecei a chupá-lo de quatro. O outro veio por trás e cravou na minha bu... Depois de ficarmos um tempão engatados nessa posição, o que me comia por trás resolveu colocar no c... O que eu chupava escorregou por baixo de mim e, com muito jeito, penetrou minha bu... Senti os dois p... brigando dentro de mim. E olha que não eram dos pequenos. "Tá sentindo a luta de espadas dentro de você?" "E que luta..." Tudo bem que os movimentos ficam mais contidos. Melhor ainda: dá para fazer tudo num ritmo diferente. E descobri que adoro DP. O que estava no anal gozou primeiro e saiu do quarto. Rolou um tempão ainda comigo cavalgando o outro, até ele gozar. Só depois que terminou é que vi que a gozada do primeiro tinha escorrido para o lençol. Ai, que saco...

A rotina das garotas de programa tem um lado bem pouco glamouroso. Eu dividia meu quarto ajeitado, mas simples, com as camas, armário grande, espelhos e uns quadros impessoais na parede, parecidos com os de hotel, com outras quatro garotas. Nada que lembre o que se vê no cinema, por exemplo, com penteadeira de puta cheia de badulaques. Como também era lá que trabalhávamos, tínhamos de cuidar da limpeza geral. Nos revezávamos na varrição, na hora de tirar o pó. Nem todas curtiam o trabalho, mas ficar num lugar sujo não rola... Lavar a roupa de cama e a toalha dos clientes era tarefa da lavanderia. Mas são as garotas que trocam. Senão, dá nojo. Só que (segredo) não é uma roupa de cama para cada cliente. Tem vezes que é a mesma o dia todo, onde vários homens já se deitaram. Dá uma esticadinha e pronto. Eu vivia pedindo à gerência para poder trocar. Como não tinham tantos lençóis assim, e não dava para gastar tanto com lavanderia, a gerente ficava brava e dizia não. Às vezes eu sujava o lençol de propósito com gel só para não ter jeito. Ela brigava comigo, claro. Mas eu não estava nem aí. Nessas ocasiões, precisava mesmo trocar...

A primeira vez que mudei de casa foi sete meses depois de começar a trabalhar, mais ou menos. Na verdade, a cafetina da Franca me expulsou, junto com mais duas meninas, porque alguém dedurou que fumávamos maconha escondidas. Apesar de ter conhecido meninas bacanas, com histórias bem parecidas, rola muita inveja. Afinal, uma garota é concorrente da outra. Por isso, nunca quis ir trabalhar em casas como o Café Photo ou o Bahamas. Imagina: se já rola isso entre dez, no privê, o que não deve rolar com cem? Também não curto ter de ficar xavecando cliente para ele fazer programa comigo: ou ele me quer, vem e transa, ou estou fora. Como nessa profissão o que vale é seu corpo, também tem aquela de a garota ficar botando defeito na outra. E não é fácil fazer amizade de verdade nesse meio. Nunca trabalhei em empresa, mas acho que deve ser igual... Quando você é escolhida pelo cliente então, tem de sair da sala de costas, porque, nessa hora, abrem a tampa do serpentário. Numa dessas, uma inimiga oculta resolveu dar com a língua nos dentes com a história do *beck* só para me foder. Deu certo.

Acabei indo parar numa casa amarela, na alameda Jurupis, bem perto do *shopping* Ibirapuera. Tinha de continuar a viver. E a trabalhar. Por ironia do destino, isso durou poucos meses. A Mari me ligou um dia dizendo que tinha muitos clientes indo embora da Franca sem fazer programa por não me encontrar mais lá. Resultado: a cafetina, Larissa, teve que engolir um pouco o orgulho e me chamar de volta. Gostava da casa e voltei, mas só para trabalhar, já que eu tinha alugado um *flat* para mim, na Miruna, em Moema. Apesar de ter torrado muita grana com bebida, maconha e cocaína, eu tinha juntado um dinheirinho lá na Franca, antes de me expulsarem. Como não conseguia abrir conta em banco nenhum (tente fazer isso com 18 anos, sendo garota de programa, sem profissão reconhecida e sem endereço fixo, a não ser o do privê), ficava andando com o dinheiro dentro de um saquinho, na maior insegurança. Aluguei o *flat* mais para ter onde esconder as minhas economias – e dormia lá porque "já tava pago mesmo"...

A volta para a Franca não foi o que eu esperava. As meninas que eu conhecia não estavam mais lá e tudo ficou muito estranho. Precisava de ação, de novidade, de um horizonte. Também estava deprimida, sem rumo e queria muito parar com o pó. Sabia que se não desse uma virada na minha história, ia me perder total, sem objetivo, só trepando o dia todo para cheirar e fumar tudo depois do expediente. Enfim: a imagem da puta sem esperança, que vira bagaça e acaba sozinha fazendo ponto numa calçada ou pendurada numa janela de um casarão velho. Pensava só em juntar dinheiro para poder ser mais dona do meu nariz, sem ficar sustentando cafetão. Então, teria que trabalhar mais. Uma menina, que morava no mesmo *flat* que eu, me falou do "Vintão". Ganha um doce quem adivinhar por que esse nome. Fiquei muito curiosa para saber como uma menina podia se vender por 20 reais. Se o negócio era quantidade e alto giro de capital, lá vamos nós.

Ela me levou até esse lugar, no Campo Belo. Negócio de alta rotatividade, muitos quartinhos individuais, luxo zero – idem de higiene. Bagaceira, pulgueiro, pocilga mesmo. Imaginem que o quarto é tão pequeno que só cabem uma cadeira fuleira e um colchão de solteiro no chão, com um lençol podre por cima (que só é trocado uma vez por dia). A trepada é rapidinha, 10 ou 15 minutos: programas expressos, 10 reais para o cafetão, 10 reais para a garota.

Queria muito ver a cara dos clientes. Tinha de tudo ali: gari, faxineiro, os caras que ganham salário mínimo. Caras a fim de uma gozada, nada mais. Mas, surpresa: tinha boyzinho e cara bem de vida, também. Peguei um engenheiro quarentão e que transava forte, me pegava de jeito. Curiosa, não me contive: "Por que você vem aqui se pode ir a um lugar melhor?". "Prefiro sair todo dia a fazer um programão num dia só. Por isso venho aqui todos os dias." Passei a admirar mais as pessoas práticas depois que ouvi essa resposta. Foram dois dias apenas de "Vintão". Embora dois dias bem didáticos, confesso.

A grande queimada de filme da minha vida no Bandeirantes aconteceu em outubro de 1999. Eu tinha 15 anos. Dessa vez, não deu para reverter. Nem tinha como. Eu morria de tesão por um garoto da minha classe. Bonito, loiro, branquinho, parecia um anjo, de olhos bem azuis. Mas seu jeito, metido e meio cafajeste, estragava tudo. Até o dia em que ele começou a dar em cima de mim.

Numa aula no laboratório de física, a professora apagou a luz durante uma experiência. Estávamos todos de pé, ao redor do experimento. Ele ficou colado em mim. De repente, bem de mansinho, pegou minha mão. Com o coração disparado, deixei. Ele foi me guiando. Levou minha mão até o seu p... Segurei por cima da calça. Ele já estava duro. Achei que todo mundo estivesse escutando meu coração bater alucinadamente. O medo falou mais alto e eu tirei a mão. Ele não desistiu. Veio para trás de mim e ficou me encoxando ali, no meio de todo mundo. Não resisti: ele estava dando em cima de mim! Da Raquel, a gordinha! Eu estava toda molhada, excitada e assustada. Não sei quanto tempo ficamos assim, com ele encostando seu p... duro em mim por trás, me provocando, acendendo meu tesão.

Como era a última aula daquela tarde, e já estava ficando escuro, ele se ofereceu para me acompanhar no trajeto para casa. Na verdade, queria me convencer a ir para algum lugar e fazer o que não tínhamos conseguido terminar durante a aula.

"Já está tarde, minha mãe vai me dar bronca."
"Diz que foi estudar anatomia com um colega."
"Vamos deixar para outro dia." Fiz um pouco de doce. Até que ele me dobrou.
"Pô, você não vai me deixar assim, na mão, vai? Eu sei que você também quer."

Paramos junto ao muro de uma escola que ficava na rua de trás da minha casa. Na hora, não deixei que ele me beijasse, mas acabei batendo uma para ele ali, no meio da rua deserta, mesmo sem vontade.

No dia seguinte, na aula, ele continuou insistindo, mandou bilhetinhos e eu não resisti mais. Tinha chegado a minha hora. Depois da aula, uma nova aventura. No caminho, ele parou para comprar camisinhas. Entrei em pânico, como em tantas outras "quase" vezes em que transei. Não queria que minha primeira vez fosse assim. Nem que ele percebesse que eu ainda era virgem. Paramos em uma rua sem saída.

"Não vai rolar."
"Qual é?"

"Eu fiquei de sair com minha mãe."
"Nada disso: a gente chegou até aqui e não vai ficar por isso mesmo."

Quis novamente ir embora, mas ele não deixou.

"Daqui você não escapa sem ao menos fazer um boquete pra mim."

Não tinha mais saída. Só sairia de lá se fizesse um oral nele. Também não poderia dizer que não sabia fazer isso. E a vergonha? Nunca tinha colocado um p... na minha boca, não tinha a menor ideia de como fazer aquilo. Me imaginei chupando um picolé. Eu agachada no chão, ele encostado na parede, com as calças arriadas, agarrando meus cabelos, sincronizando o vaivém. Não curti essa de ficar empurrando minha cabeça. Eu segurava seu p... pela base, junto do saco. Se deixasse, ele ia enfiar tudo para dentro. Estava com medo de engasgar, mas muito excitada. Pela situação, pelo gosto do garoto, pelo cheiro dele, pelo ato em si, pelo medo de ser flagrada. Não demorou muito, ele começou a gemer de verdade, arfando, empurrando seu p... com força entre meus lábios. Então, com um empurrão mais forte, veio aquele gosto estranho, direto na minha garganta. Ele gozou dentro da minha boca. Só não tive coragem de engolir.

Não sei se é verdade, mas ele me disse que aquela tinha sido a melhor chupada da vida dele. Bem, estreei com elogios da crítica... Só sei que ele realmente gemeu gostoso. Só me faltou, mais uma vez, coragem para dizer que aquela tinha sido minha primeira vez. Prometemos que aquilo morreria ali, entre nós.

Muito boba, eu mesma quebrei a promessa: contei para uma "amiga", que idolatrava o cara. Ele, pelo visto, também não manteve a boca fechada. A fofoca correu a série toda em poucos dias. Ninguém veio me perguntar se era verdade, ouvir o meu lado da história. Só ouvia as risadinhas e sentia os olhares na minha direção. Alguns de malícia. Outros, de nojo.

Como num passe de mágica, sumiu todo mundo. Nem as minhas "amigas" ficaram a meu lado. Fiquei absolutamente sozinha. Era a vergonha de serem vistos comigo. Uma menina veio me perguntar quanto eu cobrava. Disse que nada. Não devia ter feito isso. Me senti injustiçada. Até mesmo aquelas que já não eram mais virgens ajudaram a criar e espalhar minha fama de puta pelo colégio. Mas segurei minha barra. Ia à escola normalmente e, mesmo sozinha e machucada, derramei poucas lágrimas por causa disso, apesar de estar sofrendo de verdade com a situação. Eu só tinha 15 anos! Até o dia em que, não aguentando mais hipocrisia, disse: "Fiz, gostei e faria de novo". Serviu para calar algumas bocas. Eu sei que não cometi nenhum crime. Então caiu outra ficha: o que o garoto tinha contado? Homem tem essa mania idiota e infantil de aumentar tudo, de contar vantagem. Nunca soube se isso aconteceu, já que ninguém falava comigo. Nem ele. Mas acho que ele se vangloriou, sim, de ter "transado" comigo.

A história, claro, foi parar na diretoria. Neguei tudo e negaria até a morte. Nesse dia, desabei. Cheguei em casa chorando e contei tudo para minha mãe. Bem, nem tudo. Disse que havia saído da escola para beijar um garoto e que ficaram inventando que eu tinha transado com ele, que tinha feito sexo oral nele. Era o fim da oitava série e minha mãe achou melhor me mudar de colégio. Não sei se ela acreditou em mim. Ou simplesmente fingiu, como eu. O Bandeirantes viraria história. Isso se um menino de lá não tivesse também mudado para o Maria Imaculada – e caído na mesma classe que eu. História devidamente espalhada, Raquel mais uma vez marginalizada. Quer saber? Fodam-se!

A experiência do "Vintão" tinha sido muito interessante, de verdade. Embora não fosse para mim. Eu trabalho com meu corpo e, claro, fico cansada.

Sem querer brincar com trocadilhos, essa "vida fácil" não é mole, não. Fazer dez programas por dia beira a insanidade. Fica tudo dolorido. O negócio era experimentar outro privê, tomar fôlego e começar novamente. Mas com outra cabeça. Fui parar numa casa da rua Michigan, no Brooklin. Hoje sei por que tinha de passar por lá: foi onde ganhei o meu "sobrenome". Sempre gostei muito de mar. Uma de minhas duas irmãs tinha uma casa no Guarujá e eu sempre descia. Saudades... No mar, tive meus únicos momentos sozinha, sem ninguém por perto. Cheguei a surfar de *morey* e até de prancha nos *points* de lá. Mas ninguém sabia disso.

Havia duas "Brunas" trabalhando na casa. Um cliente escolheu a Bruna e a gerente levou a outra para ele. "Não é essa, quero a surfistinha." Gostei do cara. Foi um programa em que rolou química e afinidade. "Por que você me chamou de surfistinha?" "Você tem estilo." "Taí: gostei!" Quando saí dessa casa e comecei a trabalhar em *flat*, tinha de arrumar um sobrenome que combinasse comigo. Lembrei da história e não tive dúvidas: eu seria a Bruna Surfistinha.

Já falei que uma das coisas que mais me irritavam nos privês era a história das roupas. Bem, lá vai mais uma história de bastidores. Na Michigan, era o pessoal da própria casa que lavava as roupas de banho (as de cama iam para a lavanderia). Tinham umas quatro máquinas de lavar e um monte de varal para secar. Só que, na chegada do inverno, quando surgem mais clientes, não fazia sol e as benditas não secavam de jeito nenhum. Na sala onde as garotas ficavam aguardando tinha um aquecedor. A gente descia do programa com a toalha, a gerente colocava na frente do aquecedor, deixava secar um pouquinho, dava uma olhada para ver se não tinha nenhuma manchinha e embrulhava de novo. Lavou, tá novo, não? E vários homens se enxugavam com a mesma toalha. Coisa feia...

Toda essa confusão, a descoberta do desejo, as fofocas, a perda dos amigos, o fato de eu ter sido sempre gordinha, tudo me levou a um lance doloroso. Eu fiquei com depressão, tomava Prozac e tudo. Uma neura de engordar de novo, no meio disso tudo, me levou à bulimia. Enchia a cara com doces e depois, na maior, enfiava os dedos na garganta e... virou uma compulsão. Eu tinha fome, comia muito, acho que devido ao remédio e à ansiedade, para em seguida sair correndo da mesa e colocar tudo para fora. Quando voltava da escola, passava por uma loja e comprava, todo santo dia, vinte reais em doces e chocolates. Praticamente engolia tudo de uma vez, só para sentir o gosto, e, dois minutos depois, dava um jeito de tirar aquilo de mim. Minha mãe sacou, até pelo barulho da descarga depois de cada refeição e de cada escapada. Para disfarçar, comecei a vomitar em um jornal, só para não precisar dar a descarga.

Sei lá por que veio essa maldita depressão. Quer dizer, até sei: me achava gorda, feia, era adotada, tinha um monte de problemas com meu pai... Quando cheguei aos 16 anos, depois da cagada no Bandeirantes e de a história ter me perseguido também no Imaculada, me vi, não bastasse tudo isso, sem amigos. A situação chegou em um ponto do qual não via saída. Planejei me matar. Tinha de ser algo rápido, que não me fizesse sentir dor ou correr o risco de continuar viva, mas tetraplégica, por exemplo. Um revólver seria o ideal. Meu pai tinha um em casa. Legalizado, claro. Não que ele alguma vez tivesse usado; isso veio do tempo em que morávamos na chácara. Eu sabia onde ele guardava a arma.

Um dia, sozinha em casa, estava mesmo no fundo do poço. Peguei a arma onde meu pai a escondia e, mesmo trêmula, levei o cano à boca. Estranho segurar uma arma. Ela é fria, seu peso não combina com seu tamanho. Parecia que eu tinha nas mãos algo de outro planeta, local que bem poderia ser meu destino final após experimentar o primeiro e último tiro que daria na vida. Fechei os olhos e, com o dedão, me preparei para pressionar o gatilho. Tinha uma pressão absurda dentro de mim, da minha cabeça, dentro do meu peito. Contei até três e... CLIQUE! Aquela merda estava sem balas. Mesmo assim, recobrei a vontade de ir até o final. Revirei tudo e achei um saquinho onde meu pai guardava as balas. Não sei o que deu em mim, mas não consegui colocar nenhuma bala no revólver. Achei melhor desistir. Por enquanto.

Passou uma semana e eu continuava péssima. Tomava Prozac para ficar acordada e outra droga para dormir. Acho que nenhuma teve o efeito esperado, pois passei cada noite desses sete dias repassando minha vida a limpo, vendo quanta coisa eu tinha que resolver. E resolvi tentar de novo. Esperei todos irem dormir, coloquei uma cadeira junto à janela da sala, que era a única que não tinha tela, e concluí que cair do nono andar seria fatal, como eu pretendia. Subi, coloquei uma perna para fora da janela e, com metade do corpo para dentro e outra para o nada, fiquei pensando nas coisas ruins da minha existência. Isso me daria a força necessária para dar o salto. Não consegui pensar em nada que fosse tão ruim assim a ponto de me fazer tomar impulso. Só vieram coisas boas a minha mente: meus sonhos, a vontade de fazer as pazes com meus pais. A coragem, que já não era muita, se mandou pela janela antes de mim.

Nunca mais tentei. Queria viver. Então, tinha de fazer algo por mim.

Eu já tinha namorado dois garotos, um do Bandeirantes e outro do colégio Maria Imaculada, sem nunca ter passado com eles o limite de uns bons amassos, pegação e um ou outro oral. Vão achar que estou mentindo, mas eu ainda era tecnicamente virgem aos 17 anos! Ou seja: nenhum menino havia enfiado seu p... em mim. O que, também tecnicamente, qualifica uma garota a ser ou não virgem. Sinceramente, não teria motivo nenhum para mentir sobre isso agora.

Como minha mãe fazia marcação cerrada, e eu não queria que minha primeira vez fosse encostada no muro de uma rua escura, ou numa pista de dança, ficava difícil atender a todos os requisitos. Claro, eu também tinha de estar realmente apaixonada. Sonhava em arrumar um namorado para ir morar com ele, não importava a idade que eu tivesse.

O terceiro namorado da minha vida eu arrumei pela internet. Lá em casa, meu pai e eu tínhamos, cada um, o seu próprio computador, o que garantia certa privacidade, mesmo que no mundo virtual. Sempre fui maluca pela internet e passava horas navegando, escrevendo coisas e, claro, paquerando no virtual. Até que me apaixonei por um garoto pela tela do computador. Sério. Marcamos encontro e tudo. No cara a cara, achei ele horrível. Se não fosse a paixão... Começamos a namorar de verdade.

Em casa, sofremos muito preconceito, pois ele era motoboy. A filhinha de papai, classe média, namorando um cara assim? Meu pai não aceitou, de jeito nenhum. "Não quero você namorando um pobre, um motoboy. Imagina você casando com um tipo assim, que não vai poder te sustentar; você vai ter que trabalhar." Para ele, família era como a dele: minha mãe nunca trabalhou, apesar de ser formada em Letras e ter sido professora, por algum tempo, em Sorocaba, antes de se casar com meu pai. Coitada, que tédio: ver TV o dia todo, cuidar da casa, das filhas, falar bobagens ao telefone.

A paixão é cega, surda e descerebrada. Muda, nunca. Brigava com meus pais todos os dias. Acho que foi por causa disso que armei até não poder mais para acabar de vez com minha virgindade. Imagina o malabarismo. Meus pais tinham ido viajar e minhas irmãs não moravam mais conosco. Minha mãe, quando estava fora, sempre pedia para a empregada dormir lá em casa – na sala, para ser mais específica... Ela sempre dormia cedo, o que era um facilitador. Planejei tudo. Meu namorado chegou no prédio e me ligou pelo celular. Sem levantar suspeitas, disse que ia no apartamento de uma amiga. Desci, encontrei com ele e subimos juntos pelo elevador de serviço, para evitar ter de interfonar. No meu andar, ele ficou escondido na escada. Muito excitante, mesmo. Parecia coisa de filme.

Meu coração disparava sem motivo nenhum; morria de medo de alguma coisa não dar certo. Pedi um *delivery* de jantar. Assim que a comida chegou, pedi para a empregada descer para pegar. Era o tempo de ele entrar furtivamente em casa pela porta da cozinha e ir se esconder no armário embutido do meu quarto, enquanto eu disfarçava um pouco na sala. Peguei a comida, deixei a parte da empregada para ela comer sozinha e fui me trancar no quarto. Ele saiu do armário (no bom sentido), jantou comigo e esperamos até ouvir o ronco da empregada. De barriga cheia, ela logo dormia. Saímos do meu quarto, com todo cuidado para não acordá-la, e fomos para o quarto dos meus pais. Claro: tinha de ser em cama de casal... A transa não deu muito certo nas primeiras duas noites (das cinco) em que repetimos esse esquema. Só na terceira é que tive coragem de transar. Foi uma loucura, muito ruim, pois foi planejado. Foi algo bem mecânico. Eu senti o hímen se romper e ficou por isso mesmo. No fim das contas, só perdi a virgindade. Não, aquilo não foi sexo. Doeu muito, eu nem podia gritar ou fazer barulho. Levou um tempo até eu transar de verdade.

Valeu a pena? Sim. Eu imaginava que virar a "mulher" de alguém, por inteiro, seria mais uma razão para eu decidir, finalmente, sair de casa para morar com ele. Mas percebi que não precisava casar com ninguém para fazer isso. E tinha de ser rápido.

Meus seios eram pequenos, proporcionais ao meu corpo. Eu estava contente com eles, mas não era hora de pensar em mim. Lá fui eu, com minhas economias, turbinar os peitinhos. E não foram só os seios que aumentaram: entrou outro "prato" no cardápio da Bruna Surfistinha: oral, vaginal, anal e... espanhola! Se ainda não adivinhou o que é, eu conto. Eu aperto os dois seios e, naquele apertadinho macio, faço um "genérico" de bu... Para mim, no começo era engraçado, pois parecia que eu estava vendo a transa como se estivesse dentro da vagina, com a cabeça do p... aparecendo e desaparecendo, bem perto da minha boca. Com os mais bem-dotados, dá até para emendar um "dois em um", com umas lambidas na cabecinha quando ela chega perto. Já tive clientes que só conseguiam gozar assim.

Estava trabalhando como garota de programa há quase um ano quando pintou meu primeiro casal (de uma longa série) lá na Michigan. Quer dizer, a primeira dupla. Ambos eram casados, sim – mas não um com o outro. Eles chegaram e eu, curiosa, fui medindo a mulher. Confesso que fiquei muito excitada. Chupar outra garota enquanto o cara chupa você é uma sensação indescritível. Nem preciso fazer força para gozar de verdade. Ela retribuiu a gentileza e me chupou com gosto. Enquanto ela ficava com a língua na minha bu..., eu engolia o p... dele. Adorei ser o centro das atenções deles. Enquanto ele me comia, deitado, ela se oferecia toda pra mim, lambia meus seios, me dava um banho de língua com ele engatado em mim. Nos beijamos, nos esfregamos, nos chupamos. Se não fosse por mim, o coitado teria de ficar batendo punheta. Gozei umas duas vezes.

Essa foi a primeira vez que transamos, e estranhei ela ter ficado muito mais interessada em mim do que nele. Nada contra, mas não me pareceu natural. Se eu não desse um pouco de atenção ao rapaz, seria como se ele não estivesse lá. Saquei que ela tinha nojo dele, escapando a cada investida, a cada toque, a cada tentativa de beijar, chupar. Enquanto ele tomava banho, nós duas começamos a conversar. Eles eram amantes há algum tempo, mas o interesse dela era pelo dinheiro dele, e não pelo prazer que o fato de serem amantes poderia proporcionar. O marido dela não tinha condições de dar nem metade do que o amante dava para ela. Carro do ano, joias, enfim, presentes de amante mesmo.

Eles só podiam se encontrar uma vez por semana, durante duas horas. Para se livrar do fardo de fazer sexo com ele, ela passou a exigir outra mulher na cama com eles. Inventou que gostava (mas parecia gostar, mesmo), só para fazer o tempo correr mais rápido quando houvesse esses tais encontros. Não sei se ela inventou isso para dar uma desculpa, embora fizesse sentido, pelo que vi.

Essa mulher era uma exceção, com certeza. Depois que sair com casais virou rotina, e me iniciou no interessante mundo dos clubes de *swing*, consegui chegar a uma conclusão sobre a alma feminina: elas gostam de estar com outra mulher. Esse papo de "realizar a fantasia do marido" é para a minoria. É a desculpa útil. Mulher é mais tímida, reservada, tem medo dos tabus. É claro que há casais em que se torna evidente o marido ter forçado a barra, obrigado a mulher a sair com outra. Estas chegam com medo, travadas, não sabem o que fazer.

Foi meio constrangedora uma ocasião em que a mulher chegou a chorar na minha frente pelo ciúmes de ver o marido comigo. Mas tem as outras, que até incentivam. Essas juram que, se fizerem isso, os maridos não terão necessidade de traí-las, pois estarão sempre juntos nas aventuras sexuais. Se elas soubessem quantos deles voltaram sozinhos depois... Sem falar nos que tinham vindo antes. Já ouvi muito "quando ela vier aqui, você finge que nunca me viu na vida, hein?". Sinto pena delas. Estão sendo enganadas e não sabem. Ou fingem não saber, não perceber, sei lá. Nunca vou ter essa ilusão de ser liberal para evitar a traição. Não existe essa de satisfação total nem garantia de nada.

Engraçado, são tantas as razões de cada uma dessas mulheres para chegar a dividir sua cama e seu marido com mais alguém: medo, prazer, ciúmes, curiosidade, insegurança, fantasia. Mas, no fundo, acredito que toda mulher goste mesmo de mulher. Se homem gosta de homem eu já não sei, pois quando rola de estar com dois ao mesmo tempo, mesmo nas "festinhas" com direito a DP e tudo, nunca vi nada entre eles (o que é uma pena). Se fazem quando estão sozinhos, já é outro departamento... Já vivi a intimidade do sexo com muita gente, homens e mulheres, e sei do que estou falando. Vou dar uma excelente psicóloga, pode escrever.

A história do namorado motoboy, as mentiras que eu contava só para conseguir o que eu queria, as aprontadas e minhas notas no colégio, tudo isso só ajudou a azedar minha relação com meu pai. Ele ainda tentou dar um jeito: levei bomba no primeiro colegial e, quando passei para o segundo, me mandou para o São Luís para ver se um novo ambiente ajudaria. Não adiantou nada: eu continuava sem o menor saco para estudar.

Eu e meu pai tínhamos brigas terríveis, mas ele nunca havia me batido, por mais que eu temesse o contrário. No fundo, sempre achei que merecia. Por isso, vou revelar a verdadeira história de por que eu apanhei do meu pai pela primeira vez. Nunca contei isso a ninguém por absoluta vergonha mesmo. Eu roubava. Não, não sou ladra profissional. Começou quando eu tinha uns oito anos e a gente morava em Araçoiaba. Lá, tinha uma quitanda com um baleiro sobre o balcão. Como tinha só uma atendente, que estava ocupada com minha mãe, era muito fácil pegar as balas escondido – e igualmente escondida eu as saboreava. Sabia que bastava pedir que minha mãe compraria quantas eu quisesse. Mas o barato era a adrenalina, o medo do proibido e o risco de ser apanhada. Só uma vez eu me descuidei e minha mãe perguntou de onde vinham aquelas balas. Menti: "Ganhei na escola". Passou pouco tempo até eu descobrir outras facetas dessa vontade incontrolável: os doces não eram suficientes e eu me descobri compulsiva por dinheiro. É isso mesmo: o dinheiro sempre me dominou.

Imagine: eu, com oito anos, pegando dinheiro dos meus pais! Como meu pai quase não podia sair, por causa da doença, sempre havia dinheiro na casa. Naquela época, nem era real ainda. Não tinha a menor ideia do valor do dinheiro, mas já sabia que pedir (no que certamente seria atendida) era menos excitante do que pegar. Comecei pegando algumas notas, de vez em quando, daquele bolinho que ele sempre guardava. Então, ia até uma loja e perguntava à vendedora o que dava para comprar. Mesmo assim, continuei pegando coisas em outros lugares. Principalmente doces.

Tínhamos um motorista só para me levar e buscar na escola, que era em Sorocaba, já que meu pai não podia me levar e minha mãe não gostava de dirigir até lá. No caminho, sempre pedia para ele parar na Real, uma padaria maravilhosa da cidade, inventando que minha mãe havia pedido para eu comprar alguma coisa. Eu tinha o dinheiro na minha bolsinha e nem estava tanto assim com vontade de comer doces ou chocolate. Fiz isso durante muito tempo, até que um dia...

Não sei por que, minha mãe resolveu me levar à escola naquele dia. Ela parou na tal padaria e me pediu para ir até lá comprar alguma coisa. Na volta, veio com um papo muito estranho: tinha visto uma menina sendo levada aos safanões pelo segurança da loja até o escritório. E ficou dizendo que a garota havia sido apanhada pelas câmeras de segurança furtando coisas da padaria. Eu nem sonhava que existisse isso nas lojas. Até hoje não sei se ela sabia de alguma coisa (era bem provável, já que todo mundo ali conhecia minha mãe e devem ter dado um toque) e escolheu esse caminho para me dar um susto, ou se a história era mesmo verdadeira. Só sei que parei de pegar fora de casa. Só fora de casa. Lá dentro, era sempre em *cash*.

Todos os dias, quando a gente já havia voltado para São Paulo, eu pegava ao menos 50 reais. O que valia era a sensação do proibido, até porque eu ganhava mesada deles e, se precisasse de mais, bastava pedir. Eu fiquei tão fissurada nesse negócio que não deixava passar um dia sequer sem pegar dinheiro. Minha mãe me flagrou duas vezes, e o seu perdão (pedido aos prantos, com lágrimas e vergonha verdadeiras) parecia um *green card* para eu continuar fazendo. Ela até chegava a comentar com meu pai, na minha frente, que estava sumindo dinheiro da carteira dela – acho que na esperança de que eu me tocasse e parasse com aquilo. Doce ilusão...

Comecei a pegar no colégio, também. Eram só dez reais aqui e acolá, nada grandioso. Ninguém levava mais do que isso para a aula. Eu esperava o pessoal sair para o recreio, voltava para a sala e vasculhava as bolsas. Até o dia em que uma menina da classe deixou 30 reais em cima da carteira e eu nem pisquei: fui lá e peguei na caradura. Deu diretoria... Alguém me viu voltando para a sala no intervalo e dedurou. Quando a diretora perguntou, não procurei mentir e assumi: "Fui eu mesma". Ela me perguntou se eu estava usando drogas. Seria bobagem admitir isso, já que eu não gastava tudo o que pegava com erva. Resolvi mentir. O castigo seria devolver o dinheiro. Adivinha o que eu fiz? Peguei em casa. Caso encerrado, *pero no mucho*. Imagina se não continuou sumindo dinheiro no colégio... Mas, das outras vezes, só paguei a fama sem deitar na cama.

Eu realmente achei que, devolvendo a grana, ficaria tudo bem. No entanto a diretora resolveu chamar minha mãe e contar tudo. Ela ficou arrasada, muito brava comigo, brigamos e tudo. Mas, àquela altura do campeonato, por mais que eu quisesse parar (e eu queria), não conseguia. Tinha de pegar cada vez mais. Tudo para alimentar outro vício: a compulsão por compras. Eu só comprava futilidades, mas tinha uma necessidade maluca de comprar. E isso demandava cada vez mais dinheiro.

A coisa estava tão fora de controle que até os dólares que minha irmã guardou (sobras da viagem aos Estados Unidos para conhecer meu cunhado) entraram na dança. Antes de voltar para o exterior para casar, ela resolveu fazer uma obra no apartamento dela e, com medo dos pedreiros, levou o dinheiro lá para casa. Eu pegava uma ou outra nota de dólar e, quando vi, tinha roubado todas. E a coisa não parava. Comecei a vender meus livros em sebos, até acabar com todos. Comecei a levar outros de casa. Chega! Prometi a mim mesma que não faria mais isso. Quando prometo algo, eu cumpro. Dessa vez, não deu.

Um dia, quando ninguém estava em casa, comecei a xeretar as gavetas atrás de algum dinheiro. Encontrei um gravador e um monte daquelas fitinhas cassetes. Comecei a ouvir e descobri que minhas conversas ao telefone haviam sido todas gravadas. Tudo bem que eu havia feito um monte de cagadas, mas aquilo era invasão demais.

No começo de 2002, pensei: "Se eu pegar bastante dinheiro e comprar tudo o que quiser, depois eu paro". Me lembrei de um conjunto de joias da Vivara que meu pai havia dado a minha mãe como presente de aniversário de casamento no ano anterior e que ela nunca havia usado. Tentei vender só o anel, mas ninguém me dava mais do que 50 reais por ele, por mais que sua pedra fosse rara. Desisti temporariamente da ideia, até que, num rompante, resolvi pegar o estojo com todo o conjunto. Soube de um lugar na Oscar Freire que comprava joias e pagava bem. Então, levei tudo na mochila para o colégio. Eu havia até me esquecido de que estava lá quando uma amiga me pediu alguma coisa e eu falei que ela podia pegar na bolsa. Foi um auê: parou a aula e até a professora veio ver o que estava acontecendo, tamanho o escândalo que a menina fez. A professora perguntou por que eu estava carregando aquilo, e eu, mais uma vez, menti: era um presente do namorado que eu ia emprestar a uma amiga para ir a uma festa.

No fim da aula, lá fui eu à tal loja da Oscar Freire. O cara reconheceu o valor das joias, mas disse que só podia pagar 500 reais. Disse não, é lógico. Voltei para casa com o estojo, guardei novamente no armário, embora a perspectiva de ter 500 reais fosse muito tentadora. Era muito dinheiro para uma garota de 17 anos. Pensava nas coisas que poderia comprar com essa grana e não resisti. Minha mãe, que nunca havia usado aquelas joias, nem ia dar pela falta delas. No dia seguinte, fechei o negócio. Tomei um táxi e, na mesma hora, me arrependi. Pedi ao motorista que desse a volta no quarteirão e voltei à loja. Adivinha quanto ele queria para eu comprar tudo de volta? Dois mil e quinhentos reais!!! De onde eu tiraria essa grana toda? Deixei para lá. O que estava feito, estava feito.

Em maio, minha mãe resolveu colocar as tais joias para irmos a um casamento. Evidente: ela não as achou. Chegou a perguntar para mim se eu havia visto – e eu menti, claro. Ela revirou a casa inteira atrás das benditas joias e acabou colocando outras.

Foi um alívio – mesmo que temporário. No dia seguinte, um sábado, ela colocou a casa de pernas para o ar. Juro que tive vontade de chegar nela e contar tudo, mas não soube como. "Foi a empregada!", concluiu minha mãe. Eu fiquei morrendo de culpa, pois a empregada trabalhava com a família há quase vinte anos e não achei justo que ela levasse a culpa. Mas continuei no silêncio.

Na semana seguinte, minha mãe chegou em casa dizendo que viera do colégio e que a diretora contara a ela que eu andava com atitudes estranhas, dando presentes a minhas amigas (estava me desfazendo das minhas coleções de adesivos e papéis de cartas, só isso). Como prato principal, a revelação: a historia da joia vista na sala de aula chegou aos seus ouvidos. "Se foi você, quero as joias de volta", disse ela, imaginando que ainda estivessem comigo. Não teve jeito e eu confessei tudo, inclusive a venda. Ela quis saber por quanto eu havia vendido, porém isso não revelei. Cena de horror, embora minha mãe garantisse que não contaria nada ao meu pai, com medo da reação dele, de ele ter algum troço, já que ainda deveria estar pagando as prestações do presente, ou até mesmo de ele me bater.

Passou pouco tempo até que cheguei em casa e vi minha mãe com aquela expressão terrível que só ela sabe fazer quando está brava. Ela disse apenas: "Não aguentei e contei tudo para o seu pai". Nisso, eu o vi vindo da sala na minha direção. Sem dizer nada, começou a me bater, bater, bater. De mão fechada, aberta, de tudo quanto é jeito. Não sei como, começaram a chegar pessoas lá em casa: minhas irmãs, os amigos delas, meu cunhado. Virou plateia. Meu pai me arrastou até o sofá e continuou batendo. Quando ele cansava, eu pedia para ele bater mais. Já que não tinha conseguido me matar, aquela era a chance: "Me mata de uma vez. Eu deixo você me matar"; ele dizia: "Eu vou te matar, mesmo, de pancada".

Resolvi enfrentar. Não derramei uma lágrima sequer. Queria me mostrar forte, por mais machucada que tivesse. Meu pai falou que já havia falado com alguns juízes amigos dele e que eu ia direto para a Febem. Apanhei até a hora que meus pais saíram para dar queixa de mim. Fiquei sendo vigiada pelas minhas irmãs, que, claro, me censuraram. Me "lembraram" de que eu havia sido adotada por amor, que eu tinha tudo o que elas nunca tiveram, pois nem sempre meus pais tiveram grana. Mas eu enfrentava todo mundo, nem sei por quê. Na volta, meu pai continuou a me bater, até cansar. Fui para o meu quarto e deitei com a roupa que estava, sem nem tomar banho. Ele entrou no quarto, me deu um tapa no rosto e disse: "Toma mais um". Foram três dias assim, até que ele parou de me bater. Nunca mais fiquei sozinha. Sempre tinha alguém me vigiando, em casa, na rua, no caminho para a escola. À noite, eles trancavam as duas saídas do apartamento e iam dormir. Durante o dia, trancavam as portas do escritório e do quarto deles, com medo que eu roubasse mais alguma coisa.

Uma semana depois, meu pai chegou para mim e disse: "Hoje é sua audiência". Bem, se ele não me matou, melhor mesmo seria ir para a Febem. Ele e minha mãe foram de táxi. Eu ganhei um bilhete de metrô e algumas orientações de como chegar até lá. No meio do caminho, pensei em fugir, mas tive medo e resolvi enfrentar o juiz. Quando cheguei lá, ficamos em uma sala onde estavam muitas mães de garotos presos, pois era dia de audiência para ver quem seria solto. Na hora que entrou aquela fila de meninos de mãos dadas, obrigados a olhar para o chão sem virar o rosto, muitas delas começaram a chorar, vendo os filhos. "Vai escolhendo aí quem vai ser seu namorado na Febem", disse meu pai. Nem sei, mas acho que meninos e meninas ficam separados lá dentro. Ele disse isso mais para me machucar. Ainda mais. Minha mãe só chorava; não dizia nada.

Fomos chamados para a sala da juíza (ainda bem que era mulher). Eu estava com o coração na mão. Primeiro falou meu pai. Depois, minha mãe, que confirmou minha rebeldia e os problemas que eu estava causando, que eles não sabiam mais o que fazer comigo e que estavam decepcionados. Na minha vez, menti dizendo que tudo isso era por causa da maconha. Alguma coisa até era, porém não tudo. Disse que estava arrependida, embora para mim fosse indiferente ir para a Febem ou voltar para casa.

Na vez da juíza, ouvi o sermão. "Eu conheço sua família, trabalhei com sua irmã, sei como são boas pessoas. No seu lugar, eu valorizaria tudo isso. Você estudou em bons colégios, não tinha razão para fazer o que fez. Já que você diz que o problema é a maconha, não vou fazer nada com você. Vou passar uma lista de clínicas de desintoxicação para você parar com a droga. O processo que seu pai abriu vai ficar aqui comigo, arquivado, pois tenho certeza de que isso é uma coisa de adolescente, que pode e vai mudar. Não vou colocar você, que é estudada, no meio dos outros que nunca tiveram, e dificilmente terão, as oportunidades que teve na vida e a chance de mudar o que foi feito. Se teus pais não te deram uma chance, eu vou dar, para você provar que mudou." Ficou por isso mesmo...

Acabei não indo para clínica nenhuma, pois meu pai jurou que nunca mais gastaria um tostão comigo – e as clínicas eram todas pagas e caras. Eu até o vi dando uma olhada no papel algumas vezes, no entanto nunca se tocou no assunto. A promessa de secar a fonte financeira foi cumprida à risca. Eu fui transferida do São Luís para o Brasílio Machado, um colégio estadual. Cortaram minha mesada, me tiraram da academia. Só recebia os passes para ir à escola. Eu ia a pé do Paraíso à Vila Mariana e vendia os passes em troca de dez reais por semana. Quase nada, mas dava-se um jeito: conseguia comprar cigarros, ao menos. Baladas? Nem pensar... Nessa escola, conheci muita gente boa, mas muita gente do mal, que roubava para ter dinheiro, mesmo que não fossem, vamos dizer assim, carentes... Quase entrei no meio deles, mas escapei.

Havia um japinha que vivia correndo atrás de uma garota lá da Michigan. Mas que acabou ficando comigo mesmo, já que levou uma esnobada.

"Eu tenho uma fantasia."
"Qual?"
"Eu adoro depilar as putinhas."
"Mas eu já tenho bem pouquinho..."
"Não faz mal: eu quero raspar tudo e deixar sua bu... peladinha."

Sacando um aparelho e o creme de barbear de sua pasta, meu "barbeiro japa" foi tirando os poucos pelos que eu tinha. Fiquei carequinha. Sensação nova e excitante. Tentei continuar a transa, mas a sessão de fantasias ainda não havia terminado: ele queria fotografar. Deixei. Só quando ele já havia tirado um monte de fotos foi que caiu de boca. Lei da selva: matou, tem de comer. No meu caso, descascou, tem de chupar. Só depois desse ritual foi que transamos sossegados. Apesar da tara, ficamos no bom e velho papis e mamis.

Na putaria, a gente entra em contato com um lado mais verdadeiro e menos hipócrita das pessoas. Elas não escondem seus desejos mais secretos, liberam fetiches que não confessariam a ninguém, nem sob tortura. Com uma garota de programa, ninguém precisa fazer jogo de cena. Eles vêm até mim para realizar suas fantasias. Funcionamos como terapeutas, às vezes. Meu critério de normalidade mudou muito desde que passei a viver do sexo. Mesmo assim, em algumas ocasiões há situações difíceis de esquecer.

Trabalhando nos privês, descobri que tem muitos homens casados, muitos mesmo, geralmente entre 35 e 45 anos, que querem é que você seja "ativa" para eles.

"Você tem brinquedinhos?", eles perguntam ao telefone.
"Sim, muitos."
"E quais são?"
"Tem de tudo. Basta me dizer com o que você gosta de brincar."
"Tem vibrador?"

Essa é uma abordagem muito comum, acredite. O que me fez virar cliente assídua de *sex shop*. É um mundo bem divertido, além de pervertido. Há vários "brinquedinhos", pomadas, cremes, roupas, fantasias, perfumes, *lingeries*. E camisinhas (que eu compro para dar aos meus clientes), além de um monte de gente que passa por cima da vergonha e carrega sua figura insuspeita para dentro das lojas em busca de excitação. Ficam expostos uns consolos enormes, bu... de borracha, bonecas infláveis. Foi num desses *sex shop* que eu vi um cara comprando uma boneca e logo pensei: se algum dia um namorado ou meu marido disserem que já transou com uma coisa dessas, é fim de caso.

Hoje frequento um *sex shop* aqui mesmo em Moema que é um barato: só entram mulheres. A gente fica mais à vontade, sem aqueles homens olhando, curiosos, apenas para ver o que a mulherada compra. E tem umas coisas engraçadinhas: um canudinho e um jogo de talheres em formato de p..., que eu comprei para a minha casa. Às vezes, vou só para ver as novidades. Putz, quase mudei de assunto.

Voltando: bem, o que esses homens querem é que eu vire o "bruninho": que enfie um vibrador bem grande neles, que coma mesmo. Faço muitos programas em que o trabalho é vestir a calcinha com o consolo preso e mandar ver, sem dó. Modéstia à parte, acho que como muito bem. São caras que você olha na rua e vê que são pais de família, uns caras bem comuns. Não comi só esses que fazem o tipo "paizão", não. Já enrabei também muito cara bombado de academia, que posa de macho, tem preconceito contra homossexuais, mas que, no fundo, no "vamos ver", tem tara por ficar de quatro, ser dominado. Acho que eles não têm coragem de procurar um homem e se sentem menos bichas se forem comidos por uma mulher. No fim das contas, tudo isso vira "coisa normal".

Assim como é normal brochar. Só os homens não sabem disso... Um dia, chegou um moleque novinho, bem alto. Estava pra lá de tímido. Fui abraçá-lo. Com a minha altura, fiquei com o ouvido colado no coração dele. Batia bem acelerado. Além de tímido, estava ansioso. Não conversamos muito, mas posso dizer que foi um programa "exótico". Ele começou a chupar meus peitos e percebi algo diferente. Ele não estava chupando: estava mamando em mim! E ficou assim por um bom tempo. Quando ele soltou, disfarçadamente dei uma apertada nos bicos, para ver se não estava saindo leite. Brincadeira...

Depois da mamação, foi a minha vez de cair de boca. Acho que fazia um tempão que ele não batia umazinha, pois seu gozo foi muito intenso e farto. O p... dele ficou latejando um tempão na minha boca. Fui ao banheiro para me limpar e, assim que voltei, ele já pegou minha mão e levou ao seu p... mole. Uau! Ele não quer dar nem o respiro regulamentar! Voltei a chupar seu p... mole. Bem, fiquei nessa durante meia hora. Não tem coisa pior do que ficar chupando p... mole. E nada de o "menino" ressuscitar. Sorte dele que não cobrei pelos mililitros de saliva que gastei naquele dia. E ele foi ficando puto, xingava o p..., reclamava como se conversasse com "ele". Ficou sem graça comigo por ter "brochado" no segundo tempo. Pudera: eu nunca vi essa coisa de dar "duas sem sacar da moringa". Ele acabou indo para o banheiro para bater umazinha por conta e ver se o negócio subia. Como eu sei? Na porta do quarto fazia a sombra dele balançando. Eis um caso típico de problema na cabeça de cima.

Um ponto final com duas sentenças diferentes. Esse foi o saldo da briga com meu pai. Precisava fugir dali, ir viver minha vida, antes que ele decidisse se e como eu deveria vivê-la. Naquela casa de portas trancadas, eu era uma espécie de cobaia humana. Primeiro as portas trancadas, depois as gravações e, agora, o silêncio total: ninguém mais falava comigo ali. Só tinha mesmo minha gatinha para me fazer um pouco de companhia. Justo eu, que tenho horror de ficar sozinha.

Sem querer, uma noite ouvi meus pais conversando sobre me mandar para um lugar, sem dizer que lugar era esse. Nem sabia o que pensar. Me senti uma menininha novamente, sozinha, imóvel e assustada em seu quarto escuro, medrosa como sempre fui (e ainda sou), imaginando um monstro debaixo da cama. No meu caso, ele dormia no quarto ao lado – e sua maldade parecia um segredo inconfessável. Se eu escapei de ir para a Febem, o que será que ele tinha em mente? Essa foi a mais tenebrosa e a mais longa jornada noite adentro da minha vida.

Certo dia em julho, do nada, minha mãe me avisou que eu iria para o Guarujá no dia seguinte. Quem é que, depois de uma história maluca como essa, manda a filha se divertir na praia? Percebi, até pelo silêncio da minha mãe, que não se tratava de um sinal de arrependimento: eles realmente estavam planejando algo para mim e me queriam longe dali.

Você acredita que meu pai só me deu 50 reais para eu passar duas semanas? Tudo bem que eu ia ficar na casa de uma amiga, mas aquilo, claro, não duraria nem um dia. Como não durou. Embora não quisesse pegar mais dinheiro de ninguém, nem que fosse emprestado pela pessoa, me passou uma ideia pela cabeça: fazer sexo por dinheiro. Nem sei de onde tirei essa ideia, mas lá fui eu. Saí uma noite sozinha para passear no calçadão paquerando os homens sozinhos. Se algum chegasse junto, eu ia dizer que era garota de programa e que, para fazer sexo comigo, ia ter de pagar. Vários homens pararam e alguns até se aproximaram. Eu é que não tive coragem de falar nada. Não era uma coisa que eu queria ou sabia fazer. Não sabia como vender meu corpo. Desisti e pedi dinheiro emprestado para um amigo que era a fim de mim. Ele me deu 150 reais. "Quando puder, você me devolve." Nunca mais o vi...

Depois que voltei dessa viagem, feliz de verdade como há muito tempo não me sentia, e nem sei por que, meus pais nem se viraram da TV para responder ao meu "cheguei!". Nunca mais minha mãe conversou comigo. Não sentiria nada se meu pai nunca mais olhasse na minha cara. Mas nunca mais ouvir "minha filha" na voz acolhedora da minha mãe talvez seja o mais perto da solidão da morte que já cheguei. Nunca mais queria sentir isso de novo. Nunca mais.

O incômodo silêncio foi se arrastando pelos dias, pesado. Seja lá o que fosse que tivessem pensado em fazer comigo, como me mandar para um colégio interno, me emancipar para poder me colocar para fora de casa ou coisa parecida, eu não esperaria para ver. Meu tempo estava se esgotando. Comecei a comprar jornais apenas para ler os classificados. Vi que minha inexperiência seria um obstáculo intransponível. Todos os caminhos me levavam à única coisa que uma garota como eu poderia fazer. Assim começou minha peregrinação pelas casas que colocavam os anúncios nos jornais, atrás de garotas entre 18 e 25 anos, para ganhar os tais "mil reais por semana".

Visitei casas de massagem, privês e até boates. No dia 8 de outubro de 2002, vinte dias antes de completar 18 anos, tomei coragem de falar para o meu pai que eu sairia de casa para trabalhar. Repetindo que não me daria mais nada se eu fosse embora, perguntou como é que eu esperava sobreviver. Na minha santa ingenuidade, porém firme no propósito de afrontá-lo, falei que seria massagista para executivos. Mas eu realmente pensava assim, pois os anúncios diziam isso: massagem. Uma menina de uma casa que visitei também falou que só a massagem era um preço "x"; se o cliente quisesse sexo, pagaria a diferença para a menina no quarto. Eu ia ficar mesmo só na massagem. Ele, claro, ficou uma fera. Estava pronta e disposta a apanhar novamente.

No lugar da mão pesada, veio a voz, confusa, desorientada, desconcertada. Ele começou a conversar comigo. Nervoso, sim. Bravo, sim. Mas tentava conversar comigo. Tarde demais para começar a conversar. Ele não tinha o menor jeito para isso. Eu insistia, sinceramente, na ingenuidade: "Mas pai, é só massagem, não é sexo. Eu não vou fazer sexo, só vou fazer a massagem". Tudo o que ele não havia falado comigo a vida inteira, e especialmente desde que foi estabelecido o "voto de silêncio" em nossa casa, vomitou naquela noite. O que ele queria, de verdade, era me fazer desistir de ir embora. Ouvi tudo calada. Meu silêncio alimentava sua verve. Puta... Vagabunda... Piranha... As frases sucediam, como se ele nem parasse para respirar. Abatido, terminou a conversa deixando escapar um desejo (será?), uma quase sentença de morte: "Toda puta tem Aids. Eu lamento muito que vá morrer sozinha, aidética, no Emílio Ribas". Então tá: se para ser livre tivesse de ser puta, era o que eu seria. E se tivesse que morrer, que assim fosse.

Eu já havia transado com muitos homens. De alguns, nem me lembrava mais. É certo que há outros inesquecíveis. Como um cara supercarente que apareceu um dia. Ele era claramente complexado e inseguro. Triste. Uma hora, como quem está longe, conversando consigo mesmo, começou a cantarolar a música que estava tocando. Confesso que fiquei emocionada com aquela cena. Eis ali um homem que precisava de refúgio. Mas não foi só por isso que ele me marcou. Quando eu vi o corpo dele nu, levei um susto. Primeiro porque o cara era magérrimo. Segundo, tinha um p... enorme! Acho que é o maior que já vi. O programa foi péssimo, pois estava preocupada com o que ele estava sentindo. Ele precisava de ajuda e eu não sabia o que fazer... Além disso, não conseguia chupar direito. Era tão grande que só entrava a cabecinha (modo de dizer) na minha boca. Na hora de colocar a camisinha, então, foi um parto. Era muito apertada para ele e fazia o p... amolecer. Mesmo assim, deu para transarmos um pouco. Foi uma das poucas vezes em que senti o p... bater no meu útero. Uma sensação nova, afinal. Ele gozou batendo punheta em cima dos meus peitos, despejou um litro de porra e se foi. Fiquei com uma impressão estranha de que tinha faltado algo naquele programa. O quê? Quem sabe eu devesse ter dito alguma coisa. Sei lá, deve ser mesmo apenas impressão. Mas sei bem como é estar angustiada...

Em dezembro de 2003, já havia comprado um computador para mim. Era um jeito de compensar os momentos de solidão. Sempre fui maluca por navegar na internet e tinha descoberto a febre dos *blogs*. Todo mundo estava fazendo o seu e parecia ser uma coisa interessante, divertida. Se a curiosidade matou o gato, no meu caso não foi bem assim. Decidi procurar no Google por *blogs* de garotas de programa, só para ver como era a vida, o dia a dia de outra menina como eu, comparar. Na internet tem de tudo, não tem? Surpresa: não encontrado! Busquei de novo, com todas as ferramentas que existem na rede. Nada!

Eu vivia sozinha, coisa que detesto. Tenho medo, sei lá. Eu tinha conhecido uma moça realmente do bem: a Gabi, que tinha um *flat* no mesmo prédio que eu e que hoje é minha melhor amiga. Numa noite de baixo-astral, interfonei para ela vir ficar comigo, mas ela não podia. Fiquei quase maluca. Assim decidi escrever no *blog* tudo o que eu queria ter dito para ela naquela noite. Alguém ia ver. Quem sabe se minha família não veria? O que eu queria, de verdade, era que qualquer pessoa viesse me socorrer, me salvar. Da minha vida, da minha história. De mim.

Para dar um jeito naquela angústia, escrevi no meu *blog* um desabafo muito forte falando de tudo isso. Eu estava muito deprê. Fiz um resumo da minha vida e escrevi que não valia a pena fazer programa e que, se pudesse voltar no tempo, nunca teria escolhido esse caminho. Isso num *blog* de uma garota de programa... No dia seguinte, um pouco melhor, resolvi deletar tudo. As pessoas iam pensar que, além de puta, eu era louca. Acho que tudo aconteceu por causa do Natal, que estava perto. Eu pensava na minha mãe, na minha casa. Meu entusiasmo pelo *blog* esfriou um pouco e eu deixei para lá.

No dia 1º. de janeiro de 2004, pensei: "Vou retomar o meu *blog*". Já que era uma espécie de diário, tinha tudo a ver começar nesse dia. Foi por isso que decidi contar a minha rotina em vez de desabafar. E ia poder, também, registrar de modo diferente tudo o que eu anotava na minha agenda, principalmente os detalhes de cada cliente. Sempre pensei em fazer uma estatística mais detalhada quando eu saísse da putaria. Só para ter uma ideia, posso garantir, com 100% de certeza, que 70% deles são casados. Sempre pergunto o motivo para a traição, levando-se em conta que estão pagando por sexo. Há apenas dois tipos de resposta: enjoaram do sexo com a mulher ou as mulheres não são tão liberais a ponto de eles declararem todas as suas fantasias... Apenas 20% são solteiros convictos que não têm tempo ou saco para balada (ou não conseguem conquistar ninguém) e os 10% restantes são noivos ou comprometidos.

Nunca imaginei que isso fosse ser interessante para alguém. Mas ia ser divertido para mim. Imaginem, poder classificar as transas, contar como eram. Dessa maneira inventei as "cotações":

- **Transa mecânica:** mecânica mesmo, sem química, quando estou cansada, sem paciência. Fico olhando no relógio, controlando o tempo, que não passa; faço tudo com má vontade, apesar de fazer o máximo para o cliente gozar rápido e ir embora. Tem vezes que até bufo. "Vamos mudar de posição?", sugere o cliente. "Humpf", respondo, sem saco total, já que não posso soltar um palavrão. Rs... Não me esforço nem para gemer.

– **Namoradinho:** quando rola química, como se fôssemos namoradinhos de verdade, naquele clima de primeira transa entre os dois, no motel, se beijando, se abraçando, com carinho, sexo cuidadoso, papai e mamãe (sim, papis e mamis).

– **Putaria:** é clima de putaria, precisa traduzir? Eu me sinto puta de verdade, faço sexo com vontade, não sei bem explicar... Namoradinhos, mesmo com entusiasmo, não me considero puta. Aqui, sim.

Nessa época, o meu *blog* era no *site* Terra. Uma noite, quando fui postar, escrevi a senha e apareceu uma mensagem dizendo que a senha estava errada. Era uma sexta-feira e por essa razão eu teria que esperar até segunda para poder resolver isso.

No domingo, resolvi tentar novamente e, para a minha surpresa, vi que tinha um *post* novo e, pior, não era o que eu tinha escrito! Então, concluí que alguém tinha invadido o meu computador e roubado a minha senha... Chorei muito de raiva! Na segunda liguei para o Terra e consegui entrar em contato com o responsável pelo *webloger*. Expliquei o que tinha acontecido e eles conseguiram recuperar a minha senha depois de uma semana. Em todos esses dias, a pessoa continuou postando se passando por mim.

Fiquei com medo de que essa pessoa escrevesse algo que me comprometesse. Mas não ocorreu isso. A pessoa se contentou em me imitar direitinho, tanto que em alguns *posts* eu até pensava que era eu mesma que tinha escrito aquilo tudo.

Recuperei a senha, deletei tudo o que eu não tinha escrito e expliquei aos leitores o acontecimento. Não passou um mês e roubaram a senha novamente. Dessa vez foi bem pior, pois além de a pessoa se passar por mim, ainda postou os arquivos que roubou no Word do meu computador. Eram arquivos muito comprometedores, já que alguns capítulos do meu livro foram copiados e colados no *blog*.

Dessa vez chorei mais e fiquei várias noites sem dormir, imaginando quem poderia ter feito isso e por qual motivo. Consegui recuperar minha senha novamente, porém desisti de manter o *blog*. Até que um amigo que trabalha com informática me sugeriu que eu tivesse um *site* particular, no qual poderia continuar com o *blog* e ainda colocar minhas fotos.

Foi com este *site* que comecei a ter sucesso. Com as fotos conquistei a credibilidade das pessoas que não acreditavam que aquele *blog* era de uma garota de programa de verdade. Eu recebia vários *e-mails* de pessoas duvidando de mim. Muitos, inclusive, achavam que era um homem fantasiando tudo aquilo.

Foi com esta mudança de endereço eletrônico que o meu *blog* adquiriu repercussão. Até porque muitos pensaram – e ainda pensam – que o fato de as minhas senhas terem se perdido foi um lance de *marketing* para chamar atenção.

De uma hora para outra havia tantos visitantes no *blog* que fiquei assustada. Algo tão espantoso acontecia que o próprio iBest me chamou para dizer que o meu *blog* estava em segundo lugar no *top link*. Eu não tinha noção de que isso pudesse ir tão longe. No começo, me assustei com essa repercussão. É estranho imaginar que um monte de gente sabe da sua vida, como se estivessem invadindo minha casa e revirando as gavetas. Ao mesmo tempo, descobri que era isso exatamente o que eu queria: que as pessoas lessem sobre a minha vida. Ao menos sobre a pública. Não a da Raquel, mas a da Bruna Surfistinha.

Fui dormir pela última noite naquela casa. A conversa tinha me abalado muito. Realmente, meu pai não confiava em mim. Nem na minha capacidade de me cuidar sozinha. Ele fez com que me sentisse uma inútil. Prometi a mim mesma que essa seria a última vez que permitiria isso. Vindo dele ou de qualquer outro homem na face da terra. Alternei momentos de angústia e de grande excitação. Em poucas horas, seria livre para ir onde quisesse, para fazer o que me desse vontade.

Amanheceu um dia lindo. Não sei por que, mas algo acontece dentro de mim quando o sol brilha num dia frio. Cria-se uma sensação de irrealidade, de sonhar acordada: aquela luz forte no céu azul, mas que não pode aquecer. Uma linda mentira. Essa foi a primeira coisa que vi, quando acordei às dez horas da manhã. Logo o encantamento desse cenário de sonho deu seu lugar à realidade de minha dúvida mais cruel: é isso mesmo o que desejo fazer da minha vida? Sabia que, se saísse, seria para sempre. Não teria volta. Nem por mim, nem por meus pais.

Preparei minha mochila do colégio com algumas peças de roupa. Não poderia sair dali com uma mala.

Ao vasculhar o armário, vi cada peça de roupa e lamentei não poder levar todas elas. Separei umas calcinhas, uma roupinha para dormir, uma camiseta, uma blusinha, alguns biquínis para trabalhar e, com a roupa do corpo mais o casaco que vestiria, estava feita a minha bagagem. Minha gatinha só observava a movimentação. Tentei escondê-la dentro da bolsa, mas ela não topou. "Bem", pensei, "mais uma coisa que vai ficar para trás, com minhas roupas da Guaraná Brasil e da Pólo Ralph Lauren, meu quarto e minhas lembranças."

Fui para a sala e fiquei sentada à mesa de jantar, fingindo fazer minha lição de casa. Na verdade, fiquei olhando para minha mãe, silenciosa, de costas para mim, preparando algo na cozinha. Reconhecia que ela não merecia passar por tudo aquilo. No entanto, era o que eu queria fazer. Ou o que tinha que fazer. Pensava que, em pouco tempo, ela perderia duas filhas: minha irmã mais velha e também minha madrinha, que conheceu um americano pela internet e se mudou para se casar lá e não voltou mais.

Estava eufórica por um lado, embora triste por outro. Olhando aquela mulher, que um dia abriu mão da própria vida para ficar com um marido, cuidar da casa e dos filhos, até de mim, que não era sua filha de verdade, senti uma imensa vontade de dividir com ela minha decisão. Mostrar que nada daquilo era por ela, mas por mim. Eu até poderia seguir seus passos e abrir mão de mim, fazer tudo igual ao que ela tinha feito. Bati o martelo.

Sem perceber, comecei a colocar tudo o que queria dizer a ela no papel. Não foi premeditado. Foi espontâneo e sincero, como há muito tempo eu não conseguia ser. Agradeci por tudo o que tinha feito por mim, pedi perdão pela dor que ela sentiria, mas deixei claro que estava indo buscar a minha felicidade, onde quer que ela estivesse. Desejei que, dessa maneira, ela e meu pai também pudessem voltar a ser felizes, sem mim, sem meus problemas. Reli a carta, que parecia a de um suicida. Não conseguiria escrever nada diferente, porém. De certa maneira, algo morria em mim naquele dia.

Deixei a carta em cima da mesa, apanhei o fichário e a mochila. Eu sempre saía pela porta da cozinha. Passei por minha mãe, que estava fazendo o almoço, de costas para mim, encostada na pia. "Tchau, mãe." Ela não me respondeu. Ela não se virou. Eu sabia que era para nunca mais. Ela não. Fiquei parada na porta um segundo, olhando para ela. Ela não se virou. Me arrependo tanto do abraço que não tive coragem de dar naquela hora. Eu amo minha mãe. Ela não sabia. Ela não se virou. Não veio nenhuma palavra, nenhum gesto. Nem dela, nem meu. Me virei. Em silêncio, fechei a porta atrás de mim. Tchau, mãe.

O diário de uma garota de programa

Quarta, 27

PRIMEIRO PROGRAMA ☺☺

Perfil do cliente: a princípio, doidinho. Depois, até que ficou legalzinho. E é muito safadinho. Não rolou química nem afinidade.

Estilo do programa: mecânico.

Fato interessante: ele comeu minha bu... pensando que fosse o c... Mas a culpa não foi minha. Eu juro.

Fato engraçado: ele jurou que eu tinha fumado um *beck*. Não era verdade. Eu juro.

Primeiro tempo: nos chupamos, mas ninguém gozou assim. Ainda bem. Daí, cavalguei até ele virar os olhinhos.

Segundo tempo: fiquei de quatro e fizemos anal... ops... vaginal, até ele gozar.

Desde junho de 2004, meus relatos no www.brunasurfistinha.com eram todos desse jeito: padronizados, bem básicos, sem muitos detalhes. Era uma época em que chegava a fazer até dez programas por dia. Não sobrava muito tempo para escrever tudo. Eu só tinha tempo, entre um programa e outro, de anotar tudo em um papel para depois jogar no computador. Mesmo assim, por causa do *blog*, virei uma espécie de musa inspiradora para as punhetas de meninos e marmanjos. E comecei a ter certa notoriedade. Não era bem isso o que eu queria, mas, já que aconteceu...

Em agosto de 2004, a revista *Época* me procurou para entrevistas; uma edição especial da *Capricho* (*Mina*) também fez matéria comigo. Dei entrevista para a *Vip*, diversos jornais e umas revistas de sacanagem; apareci em vários *sites*, participei de *chats* e, um dia, me chamaram para ir ao *Superpop*, programa da Luciana Gimenez. Foi uma chance dupla: primeiro, ia mostrar meu rosto para que acreditassem que eu existia e era eu mesma (sim, tinha um monte de Brunas Surfistinhas falsas começando a pipocar por aí usando o meu nome, como a tal Samara, que se passou por mim no *Orkut* e até criou uma comunidade: CHEGA DE BRUNA SURFISTINHA.

Em segundo lugar, acreditava que meus pais iam me ver e perceber que, sim, faço programa, mas estou bem. Não estou jogada em qualquer canto. Mesmo as entrevistas eu dei pensando nisso. Até mesmo a do *Pânico*, da rádio Jovem Pan (divertidíssima). Por sinal, eles foram muito gentis, por mais que eu tivesse medo de que fossem zoar comigo – o que não aconteceu. Eles até evitaram abrir para perguntas dos ouvintes. Sei lá, acho que é uma lição de vida para todos nós. Torço para que, no dia em que tudo isso passar, eu possa voltar a me aproximar deles.

No dia em que fui ao *Superpop*, os efeitos da exposição aconteceram antes mesmo de eu aparecer no ar – ou de sair de casa. O carro da produção chegou na recepção do *flat* e o motorista pediu para me avisarem. O porteiro, claro, perguntou se eu ia aparecer na TV e, mais óbvio ainda, assistiu ao programa, que é ao vivo. Não precisa dizer que a história se espalhou. Isso não mudou a forma como os funcionários daqui me tratam. Só teve uma época em que o gerente pegou no meu pé, dizendo que os outros hóspedes estavam se queixando de eu trazer muitos homens para cá. Eu nunca vi ninguém no corredor... Era coisa dele mesmo. No entanto, ao verem que me tornara "famosa", acabou. Passaram a me respeitar mais (não que tenham me desrespeitado em algum momento).

Percebi que o *blog*, além de atrair muita gente que nunca tinha feito programa comigo, também podia ser um "algo mais" de diversão para os meus clientes. Eles adoram ver qual é a minha avaliação de sua *performance*. Tanto que há, até hoje, um aviso: OS PROGRAMAS MAIS "INTERESSANTES OU BACANAS" DA SEMANA. CASO VOCÊ TENHA FEITO PROGRAMA COMIGO NESTE PERÍODO, E EU NÃO RELATEI, NÃO SE DESESPERE. TENTE NOVAMENTE QUANDO PUDER... E muitos realmente tentam muitas vezes. Bom para os negócios, não?

Quando a vida estabilizou numa média de cinco ou seis programas diários (de segunda a sexta, só depois do almoço), resolvi apimentar meu *blog*. Mas tudo sempre pensando em não entregar o cliente. Só ele sabe de quem estou falando. Há coisas como uma tatuagem, o lugar de um *piercing*, algum detalhe do corpo ou de personalidade que podem acabar dedurando o cara. E essa não é a minha intenção. A gente sabe que tem meninas de programa que acabam infernizando a vida do cliente, até chantageando. Mas essa, definitivamente, não é a praia da Surfistinha. Meu barato é outro.

Uma coisa que todo mundo sempre pergunta é se consigo ter prazer com meus clientes. Claro que sim. Por mais profissional que seja, se rola química, afinidade e tesão, não vou aproveitar? Afinal, brincar em serviço é o meu serviço. Sou paga para realizar as fantasias dos outros (por mais que eu tenha as minhas, guardo para mim. Como "pessoa jurídica", tenho minha rotina profissional de fazer as coisas, é um "padrão Bruna de qualidade"). Apesar desse lado lúdico e de "conhecer" tanta gente, confesso que rola uma solidão. Não consigo ficar sozinha. Tenho de cuidar de alguém e sentir que alguém cuida de mim. Não sou uma máquina. Percebo que vai acontecer algo legal quando o cliente está realmente a fim de me dar prazer. Se é isso o que ele está querendo, por que não dar a ele? Ou, ao menos, me esforçar. É certo que às vezes não rola. Nem com o que costumo chamar de "esforço interior" – exercícios de pompoarismo, com os músculos da vagina, que potencializam a força do orgasmo. Eu uso essa "força" para os clientes que fazem questão de que eu goze. Para ir mais rápido... Esses, certamente, não entram no *blog*...

Apesar dessa vida que levo, consegui ter, além de muitos rolos, alguns namorados. O último durou quatro meses. É, pouco tempo. Mas, para quem tem uma rotina como a minha, foi um longo tempo. Nos conhecemos por intermédio de um amigo comum. Bem, não era amigo, até virar. Esse menino começou a me ligar diversas vezes, e começamos a conversar muito. Comigo, virou amigo, nada de transa. Não faço sexo com meus amigos. Uma noite, eu estava à toa no *flat* com a Gabi e falei para ele vir e trazer um amigo para ficar com ela.

Nada de putaria: queria companhia mesmo, jogar conversa fora e, se rolasse algo, seria pessoal. Ele trouxe, sim, um amigo: meu namorado! Quando nos vimos, foi uma coisa de filme, arrebatadora e recíproca. Ele sabia quem eu era, que fazia programas e tudo. Mesmo assim, ficou comigo naquela noite e começamos a namorar. A sensação era ótima: voltava a ser apenas uma mulher que gostava de um homem e que sentia algo por ele.

O namoro era como o de qualquer menina da minha idade: sair, cinema, dançar, ficar bundando em casa, rir, conversar e, lógico, transar. Sei bem separar o sexo de trabalho do sexo com o namorado, com amor, ou paixão, ou seja lá qual for o barato da relação. Minha cabeça e meu corpo estão cansados, mas quando encontro a pessoa que está comigo, eu quero transar, de verdade. Às vezes, é um esforço para mim. Mas é péssimo não dar atenção a quem está com você. Afinal, o cara já aguenta a barra de namorar uma puta e eu ainda deixo faltar logo sexo para ele? Mesmo sabendo de saída tudo sobre mim, assim como os que vieram antes dele, ele não conseguiu segurar a onda da minha profissão e da exposição que começou a rolar com o *blog* e tudo mais, meus "15 minutos de fama". Que pena: esses minutinhos vão passar e eu vou continuar aqui, sendo eu mesma.

No meio de todo aquele brilho, de toda a atenção que recebia por causa das entrevistas e, claro, dos programas de TV, teve gente que me conhecia antes e ligou para mim, numa boa, para conversar. Teve gente, por outro lado, que ligou para me lembrar de que ser uma puta tem seu preço em qualquer tempo. Um menino que estudou comigo no Bandeirantes telefonou e me deixou péssima. "Ê, Raquel, quem diria, hein?... Virou puta!" O que mais me doeu é que o propósito dele era me machucar. "Todo mundo que estudou com a gente está no segundo ou terceiro ano da faculdade e só você virou puta." Ele me inferiorizou, me tocou de um jeito que eu não queria. Com certeza eu já tinha pensado nisso, em como era a vida de quem tinha estudado comigo, que todos estavam progredindo. Até hoje não sei bem por que ele fez isso. Ele não ganhou nada me violentando desse modo. Porém, já que eu saí na chuva...

Tem quem acredite que garotas de programa não sentem carência, vontade de transar só por transar. Que babaquice. Seria o mesmo que dizer que um cozinheiro não sente fome. Deve ser por isso que, mesmo trabalhando com sexo, eu viva me masturbando. Quero chegar ao prazer com minhas próprias fantasias. A última aprontada que eu dei como "pessoa física" acabou levando o cara a ser demitido. Isso mesmo! Quem me contou o desfecho da história foi a Natália, uma amiga que vira "prima" nos programas surubinha quando os clientes não trazem sua própria "priminha". Nós duas tínhamos ido a uma balada normal, por diversão, lá nos Jardins. Cheguei a contar no *blog*, dizendo em que casa tinha sido (é provável que algum dedo-duro tenha lido e, por causa disso, o cara foi demitido). Fiquei maus, mas era ele que estava trabalhando, não eu... Eu tinha bebido muito. Quando isso acontece, fico fácil, perco mesmo o controle. Aliás, acho que toda mulher nessa situação fica fácil e com tesão.

A casa tem dois ambientes. Eu estava no andar de cima, onde ele trabalhava como garçom no bar. Percebi que ele me olhava – e fiquei olhando de volta, claro, paquerando na caradura. Em certo momento, fui buscar outra cerveja no balcão; ele se insinuou para mim e eu não aguentei: dei um beijo nele. Pedi a ele um guardanapo para eu anotar meu telefone, para a gente se encontrar fora dali. "Não, vamos fazer o seguinte: eu vou ao banheiro, você dá um tempo e me segue. A gente fica lá, rapidinho." Foi mais de meia hora... Quando a gente saiu, tinha uma baita fila na porta. O banheiro é unissex e eu saí morrendo de vergonha.

Fazia um tempão que eu não transava com quem eu quisesse. Precisava transar assim, com quem eu estivesse a fim – e não por dinheiro.

Já tinha perdido as esperanças de me envolver novamente com alguém. Mas, no dia dos namorados de 2005, me senti uma garota comum de novo: fui pedida em namoro. Isso mesmo!!! Pelo Pedro. Ele era casado e sempre falava de como o casamento ia mal, que não se separava por causa das duas filhas pequenas. Nunca tinha saído com nenhuma garota de programa, mas acompanhava o meu *blog*, tinha ficado curioso para me conhecer e, como ele mesmo disse, "virou meu fã". Acabamos fazendo sete programas juntos, desde que nos conhecemos, até virarmos amigos. Há poucos meses ele tinha se separado da mulher. No dia 12 de junho, surpresa!, ele me pede em namoro. Ele já havia dado umas indiretas de que me bancaria se eu quisesse parar de fazer programa. Expliquei (e ele, com muita maturidade, entendeu) que saí de casa para ser independente. Ele me respeita e segura bem a barra de estar comigo. Tanto que já moramos juntos e temos planos para o futuro. Sinto que ele é o amor da minha vida. Minha mãe certamente iria adorá-lo. Sempre brinco com ele que, depois dessa minha experiência, aprendi todas as desculpas que os maridos dão para as mulheres para pular o muro. Ele vai ter de ser muito criativo se algum dia cair nessa tentação... Coitado do Pedro.

Quinta, 4

QUINTO PROGRAMA 😃😃

Êêêêê! Até que enfim alguém me chamou para ir ao *swing*!!! Chegamos às 23 horas e saímos às quatro. Ele já tinha saído comigo umas três vezes. Com ele me deu, pela primeira vez, uma sensação estranha no final da noite. Acabei chorando no quarto de casais. Hoje tava lotado, mas não estava legal, apesar de ter um pessoal bonito. Havia muitos molequinhos sozinhos, muita mulher fresca e, no labirinto, às quintas, é permitida a entrada de homens sozinhos. Ou seja: não dá pra ficar passeando por lá, porque fica parecendo urubu em cima da carniça. Sério... Mas o som estava excelente, com muito *flashback*. Tocou até uma das minhas músicas preferidas (não sei o nome, mas sei que é do The Mamas & The Papas). Para azar dos homens, quinta também é dia de *show* de *stripper* só para a mulherada. Não fui puxada para o meio dos *shows*, como quase sempre acontece. Até mesmo porque eu não estava a fim. Trocamos três vezes de casal, mas apenas uma delas valeu a pena pra mim. No primeiro, a menina era muito gostosa, mas ela não ficava com mulher, para minha infelicidade. Quando tirei minha blusa, ela apertou meu peito e disse "é silicone, né, fia?". Me chamar de "fia", ainda mais no meio do sexo, foi brochante.

Ri na caradura. Odeio que me chamem de filha. E muito menos de "fia".

O parceiro dela também era um moleque chato, que queria gozar no meu peito. Não aceitei, mas ele insistiu. Como não gosto de ver ninguém insistindo em algo que não estou a fim de fazer, acabei falando que deixava. Na hora em que ele foi gozar, eu sacaneei: saí da frente e nenhuma gotinha de porra caiu em mim. *Rs*. A segunda troca foi com um japinha de quem eu até gostei, mas na hora "H", não curti. Estávamos transando comigo de quatro sobre o sofá e ele de pé. Ele metia muito forte. Para me proteger, virei o rosto de lado para não bater o nariz com tudo na parede. Porém, acabei batendo a cara com tudo. Vi estrelinhas. Ele foi um pouco agressivo, mas, por sorte, gozou rapidinho. Meu cliente fingiu que gozou com a "fia" só para eles saírem rapidinho e a gente poder transar só os dois. Comigo, ele gozou.

Depois da terceira troca (não tive coragem de pegar a menina do cara, apesar de estar louca pra chupar ela), um carioca muito bêbado me puxou e começou a falar que, assim que me viu, lembrou do filme *Perfume de mulher*, e começou a contar o filme todo.

Ninguém merece ficar ouvindo sinopse de filme no meio do *swing*.

Antes da terceira, paramos no labirinto. Tinha uma tia de uns quarenta anos que estava se amassando com o marido, mas chupando um cara. Uma chupadora convicta: do nada, aparece um outro p... e ela abocanha. De repente, começou a aparecer homem de tudo quanto é tipo e de tudo quanto é lado para ser chupado pela tia. Pelas minhas contas, ela chupou sete p.... Até pensei que o povo ia começar a tirar senha. Até aí, tudo bem. Se bem que eu, mesmo sendo a puta, nunca chuparia sete p... num *swing*.

Notei que a tia não olhava pra cima. Ela não sabia a quem pertenciam aqueles p... todos. Apenas ia pegando e enfiando na boca. Eu só prestava atenção no naipe dos caras: todos nada a ver, para ser bem-educada. Quem sou eu para criticar alguém? Mas confesso: fiquei assustada. Vai ver era sua fantasia. Não sei se tive mais nojo da tia ou dos homens. Homem é PHODA! Homem, quando quer gozar, enfia o p... no primeiro buraco que vê pela frente. Só não enfia num buraco na parede porque ela não geme. Ainda não tinha chupado nenhuma bu... Estávamos na salinha onde entram apenas casais e ela começou a tocar em mim. Depois, sugeriu que fôssemos para um quarto privativo. Nos chupamos muito, mas eu não consegui gozar. Porém, ela gozou na minha boca. A bu... dela é do jeito que eu gosto, bem carnudinha.

Com todos os relacionamentos que já tive trabalhando, aprendi que só vão me respeitar novamente como mulher no dia em que eu parar de fazer programa. E tem mais uma lição nisso tudo: quando isso acontecer, e eu conhecer o homem da minha vida, aquele com quem vou casar e ter filhos, não vou contar que já fui garota de programa. Decidi: quero deixar tudo isso no passado. Esquecer? Não, isso é impossível... Vamos dizer que colocarei essa experiência toda de vida numa gaveta que nunca mais vou abrir. Com certeza vou morrer de medo de ele já ter me conhecido como Bruna ou que descubra de outra forma. Mas tenho que deixar claro: não sou uma "madalena arrependida". Espero que com o Pedro seja diferente, pois eu o amo muito e quero que ele saiba me respeitar.

Uma das histórias clássicas de todo conto de fadas de prostituta é encontrar o homem que vai tirar você "dessa vida". Não é que aconteceu comigo? Era um cliente de 62 anos, viúvo e supercarente. Toda semana ele me procurava para fazer programa, mas quase nunca transávamos, era mais conversa (e isso é mais comum do que você imagina). Um dia, ele falou na lata: "Quero conversar muito sério com você". Me disse que o filho, com quem ele morava, ia fazer intercâmbio por um ano, e ele ia ficar sozinho. Me convidou para morar com ele e pediu para eu parar de fazer programa. Ele bancaria tudo o que eu quisesse: estudos, academia, roupas, ia me dar mesada, desde que eu parasse com tudo.

Falei que ia pensar e realmente pensei muito. No fundo, não ia parar de fazer programa, mas ia fazer só com ele, também por dinheiro. Um único cliente para o resto da vida (dele, o que poderia ser muito tempo). Minha recusa não teve nada a ver com ele, que eu curtia de verdade, nem pela oferta generosa, pois ninguém estava enganando ninguém ali. Pô, eu saí da casa dos meus pais para ter mais liberdade. Me prender a um homem, sem ser por amor, era trocar uma gaiola por outra. Dourada, sim, mas uma gaiola. Sei que me daria muito bem nessa, que recusei a oferta da vida de muitas garotas que vivem como eu, mas também tive medo de que ele morresse e jogassem a culpa em mim. Acho que já vi muito disso em filmes e na vida real por aí.

Se não é todo dia que alguém resolve "salvar sua alma guardando seu corpo", algo muito comum, depois de fazer muitos programas com o mesmo cara, é virar amizade. Hoje, todos os meus amigos são meus ex-clientes. Meu melhor amigo chegou a fazer cinco ou seis programas comigo. E, em muitos deles, a sacanagem ficou em segundo lugar. Em seguida, passamos a nos falar diariamente, sem essa de falar só para marcar foda. Um dia, tive de deixar bem claro: "A partir do momento em que nos tornarmos amigos, acabou o sexo". Não dá, não rola. Eu não consigo fazer sexo com os meus amigos. Virou amigo, acabou a relação garota de programa/cliente. Esse é o meu limite pessoal.

Terça, 12

TERCEIRO PROGRAMA ☺☺

Fui a uma festinha com três caras, eu e mais uma "prima", mas um deles ficou só de *voyeur*. Combinamos de nos encontrar no bar All Black e de lá fomos para o apartamento de um deles. Foi uma surubinha bem tranquila. Primeiro, fiquei com um no quarto. Transamos um pouco e ele só gozou depois, no oral. Depois, ficamos bebendo um pouco e conversando com os outros dois na sala, enquanto a menina entrou no quarto com o mesmo que eu estava. Acabei deitando no sofá enquanto um me chupava e, para facilitar, o ajudei com o meu dedinho. E gozei gostoso. O outro continuou apenas nos observando sentado no outro sofá. Quando o "casalzinho" saiu do quarto, fomos nós dois, então.

Transamos um pouco, eu cavalguei e ele gozou no oral.

Fato interessante: um deles já tinha feito programa comigo.

Fato triste: cheguei em casa às cinco e meia da manhã...

Na rotina de uma garota de programa, o ginecologista tem papel fundamental. É fato que ele tem de saber que eu faço programa. Isso é questão fechada. De que outro jeito ele pode me orientar de verdade, me examinar com o rigor que eu preciso para me proteger? O medo da Aids é o maior. Faço meus exames a cada três meses e sempre é a mesma agonia. Sempre vou com muito medo. Sim, me protejo, uso camisinha em todas as relações... Quer dizer: quando o cara me come, sem chance de engaiolar o passarinho sem preservativo. Mas, no oral, confesso que me arrisco.

Meu médico me explicou que, num oral, as chances de contrair são menores, mas estão lá. Principalmente se eu tiver uma pequena ferida na boca, que é coisa que a gente nem percebe que tem. Sei lá, às vezes, vou com a cara do cliente, me sinto à vontade, confio no que estou vendo e caio de boca ao natural. Depois, bate aquele arrependimento. Não dá para saber se o cara tem alguma coisa só de olhar. Mas nunca engulo. Até deixo o cara gozar na minha boca, curto, mas não engulo (raramente, vai). Eu diria que cinco em cada dez das vezes eu caio nessa besteira de chupar sem camisinha. Mas quero cair cada vez menos.

Cuidar do corpo sem cuidar da cabeça seria bobagem, né? Saúde ok, cabelo ok (para inveja de um monte de meninas, meu cabelo é liso mesmo, não precisa de chapinha. Que sorte a minha, não?), pele hidratada, unhas sempre bem-feitas. Quando o "*kit* trabalho" está checado, me dou o direito de ter um tempo para mim. Toda segunda-feira à tarde vou à terapia. Engraçado, pois a vida inteira convivi com psicólogos. Agora, no entanto, é diferente.

No começo, não sabia quem é que eu estava levando às consultas: a Raquel ou a Bruna. Hoje não está mais tão difícil. Já passou aquela fase de querer contar toda a sua história para o terapeuta, que é a mais chata e a mais complicada. Hoje, sempre faço um resumo da semana anterior, mas falando de como os acontecimentos afetam a Raquel, o que eu penso da vida, meus planos. É óbvio que, no meio de tanta conversa sobre mim, acaba rolando falar também de clientes e de programas. São coisas indissociáveis.

Sexta, 22

PRIMEIRO PROGRAMA ☺☺

> Molequinho, mas que já é gente grande e bem sussu. Rolou afinidade. Programa em clima de putaria. Fato engraçado: ele pediu para que eu desse um tapa na cara dele. Dei com dó. Não consigo bater nem que me paguem para isso. Fato interessante: fui "Bruninho"... Foi divertido e saí da rotina.

No primeiro tempo, quando comecei a chupá-lo, ele de cara me pediu para fazer um "fio terra". Ok. Esse, fiz sem dó. Então, ele pediu para que eu colocasse a cinta que tem um p... de borracha acoplado (óbvio). Mas ele já tinha perguntado pelo telefone se eu tinha, então não foi nenhuma surpresa. Com o p... em mim, me transformei no "Bruninho" e ele se tornou minha fêmea. Não fizemos nada demais. E ele nem desmunhecou. Apenas o comi "de frango assado", enquanto ele batia uma punhetinha. Depois, pediu para eu sentar na beirada da cama para que ele sentasse no meu p... E ele gozou assim. Acho que comi ele gostoso.

Segundo tempo: foi a vez de ele me comer. Cavalguei, dei de quatro, mas ele gozou de novo na punhetinha. Tem cliente que fica com medo de me ligar por causa de preço. Certeza que tem menininha cobrando 300, 400 reais, mas acaba fazendo um, dois, ou, no máximo, três programas por semana, quando muito. Sei que, com essa tal "fama" da Bruna Surfistinha, poderia até cobrar mais. Mas gosto do que faço, não nego. Faz eu me sentir desejada, coisa que nunca fui. E, óbvio, tem o lado prático. Sou uma pessoa prática: quanto mais programas fizer, mais grana entra. Não perco tempo negociando preço. Um monte de caras fica chorando desconto, vantagens, exclusividade. Não tenho saco para nada disso.

Da mesma forma que entrei nessa, sei que vou sair. Não quero ser puta o resto da vida. Trabalho para isso. Primeiro, me livrei de cafetão. Não vou dar metade ou mais do que ganho para ninguém. Sim, tem um lado ruim, de trabalhar sozinha, que é a insegurança. Atender em um *flat* ajuda um pouco. E eu sempre fico com o telefone do cliente – e confirmo se é dele mesmo. "Me dá seu telefone. Se pintar alguma emergência, eu posso ligar e desmarcar." Como eles sempre marcam com algumas horas de antecedência, fica sussu. Até hoje, nunca tive problemas com clientes agressivos. Ainda bem, né? Meu maior medo, no fundo, é encontrar algum amigo do meu pai ou das minhas irmãs. Já fiz programas com caras conhecidos, colegas do Bandeirantes até (que não me reconheceram, mas eu fiz questão de contar: "Eu me lembro de você de algum lugar, mas não é da putaria. Nós estudamos no mesmo colégio").

Sozinha, trabalhando de segunda a sexta, faço de 25 a 30 programas por semana. Tem dias que rola até mais de cinco, mas também não é legal passar muito disso. Cada programa, aqui no meu *flat*, dura uma hora e, por 200 reais, faço oral e vaginal. Se quiser anal, já sobe para 250 reais (isso foi depois da minha participação no *Pânico*, em junho, quando resolvi aumentar um pouquinho, já que a procura aumentou: antes, durante muuuuito tempo, cobrava 150 reais e 200, respectivamente). Quantas vezes der para fazer nessa uma hora. E não precisa pagar motel, *flat*, nada: está tudo incluído. A menos que o cliente queira ir ao motel ou queira me chamar no hotel dele (aí, cobro o dobro, por conta do deslocamento). Com esse jeito de trabalhar, já me permito folgar nos finais de semana. Com todo mundo não é assim? Por que com uma garota de programa seria diferente?

Mesmo encarando tudo o que faço como uma relação comercial, confesso que já tive pena de cliente. Lembro que pensei: "Pô, esse cara economizou um tempão para estar aqui comigo". Como eu soube? Ele juntou tudo em notas de um real. Isso mesmo! Acho que era troco de busão, disso, daquilo. Juntou 150 reais, em notas de um real. Ele ficou muito sem graça. "Você se importa se eu pagar assim?" "Não, não me importo." Aí, ele me entregou aquele bolo de notas e eu contei para conferir enquanto ele terminava de se arrumar. Na hora, senti um aperto. Imagina o trampo para juntar tudo aquilo. Só que, dar de graça, *no way*. Pena, pena, negócios à parte. Outra coisa que percebi nessa profissão é que ela também tem época de cheia e de vazante. Já tinha falado que, no começo do inverno, a procura aumenta. Pois é: no final do ano também, que é quando chega o décimo terceiro. Do salário normal, não dá para tirar. Então, o cara aproveita a grana extra. Dá certo orgulho saber que o cara trabalhou o ano inteiro e se deu de presente de Natal um programa com você. Esses, até por conta disso, são os que aproveitam melhor a trepada.

Um lado interessante de ser *freelancer* é agir conforme suas próprias regras e convicções. Criar um padrão próprio de serviços. Lembra a história das toalhas e dos lençóis? Pois é: pelos clientes, e por mim também, higiene é básico. Tanto que, aqui no *flat*, tem uma toalha para cada cliente. Até brinco que, quando parar de fazer programa, não sei o que vou fazer com elas. São quase oitenta! Às vezes, eu perdia o controle de deixar juntar um tanto para mandar para a lavanderia e, quando ia ver, não tinha mais muitas limpas. O jeito era comprar novas. Virou coleção... Todas branquinhas, pois fica evidente que estão limpas de verdade. O sabonete dos meus clientes é líquido (acho nojento aqueles sabonetes em barra cheios de pêlos grudados, *arghh*, passando de um cliente para o outro). Os lençóis, a menos que um cliente sue muito ou suje de gel, eu faço render ao menos dois programas, sem dramas. As camisinhas eu providencio. A menos que o cliente seja do tipo GG, que geralmente traz as suas camisinhas de tamanho apropriado.

Segunda, 9

QUARTO PROGRAMA ☺☺

Repetimos a festinha. Os mesmos caras da outra vez. Só que hoje só tinha dois, o *voyeur* e o dono do apartamento. Hoje teve "festa no apê". Infelizmente, o caubói não estava... Como das outras vezes, a festinha foi tranquila. Além de mim, tinha de novo a outra "prima". Enquanto eu fiquei com o *voyeur* na sala, o outro casalzinho foi para o quarto. No começo, fiquei sem graça, porque o *voyeur* (que hoje NÃO ficou só olhando) nunca tinha feito com garota de programa. E digo mais: nunca tinha pulado a cerca!!! Um homem quase perfeito, né? Pelo menos até hoje... Ele me perguntou se não pular a cerca é bom ou ruim. Nem queiram saber a minha resposta. *Rs.* Ele foi todo carinhoso comigo... Primeiro ficamos nas preliminares durante um tempão. Depois, o chupei e ele gozou rapidinho. Ficamos esperando para fazer a "troca". O outro saiu do quarto e já veio para cima de mim de p... duro. Me chupou um pouco e depois me pegou num papis e mamis até gozar.

Tomei um baita susto. Numa noitada, eu estava numa fissura danada e desatei a cheirar. Nem tenho ideia de quanta coca eu aspirei naquele dia. Até uma hora em que parecia que eu não estava mais dentro de mim. Meu corpo não respondia. Minha respiração estava estranha. Um gosto estranho subiu à minha boca. *Overdose.* Me olhei no espelho e me vi morta: sem cor, a boca seca, os lábios roxos. Meu coração, de tão disparado, parecia que ia explodir. Apaguei. Eu sou espiritualista, pois acredito que, do "outro lado", tem tudo o que temos aqui. Até hospital. Quando acordei, jurava que estava no hospital "de lá". Estava literalmente numa *bad trip.* No meio daquela sensação irreal, até hoje não sei se foi viagem minha, se eu vi, se sonhei, mas me lembro de conversar muito com um homem, que não sei quem é mesmo, que me dizia um monte de coisas. Inclusive para eu parar de cheirar pó. Não tinha nenhum homem por lá, como percebi depois que acordei de verdade. Desse dia em diante prometi para mim mesma que eu ia parar.

Com a cara limpa, fiquei firme na minha decisão. Foi difícil, claro. Tive crises de abstinência, sentia muita falta e achava que estava morrendo toda vez que acontecia. A Gabi me ajudou muito nessa época, me apoiou e me aguentou desse jeito. Eu meio que me internei em casa: parei de ir às baladas, pois sabia onde encontrar cocaína facilmente e não queria mais. Quando pintava aquela fissura, aquela vontade louca de cheirar, pensava na minha vida, naquele sonho (viagem ou alucinação), no tal homem do hospital. Lembrava que tinha entrado na vida de programa pensando em parar. Mas cheguei a gastar 50, 70 reais por dia aspirando quatro gramas de coca. Da pura, a mais cara. Nada de pó de giz ou de mármore. Era mais de 50% do que eu ganhava. Dessa maneira eu não chegaria a lugar nenhum. Ou, talvez, só no hospital do "outro lado".

Após resolver parar com a cocaína, fiquei um pouco mais centrada nos meus objetivos, vi como tinha sido boba de cair nessa. Por isso que tudo o que vem fácil vai mais fácil ainda... Dinheiro "fácil" também vicia. E eu não quero passar o resto da minha vida fazendo programa. Juntando tudo isso ao fato de eu ser muito prática, criei um plano para me ajudar na disciplina. Eu chamo de "meta do pé-de-meia dos quinhentos". Muita gente acha que é juntar 500 mil reais. Mas não é bem assim.

No começo, quando saí de casa, achava que ia fazer programa pelo resto da vida. Com o tempo, vi que é um trabalho cansativo, física e psicologicamente. Em 2004 surgiu a ideia de parar de fazer programa, voltar a estudar. Na verdade, caiu a ficha de que preciso parar de fazer programa. Não sei quando, mas preciso parar um dia. Só que, para isso, tenho que ter algum objetivo, alguma meta. Sentei um dia aqui no *flat* e viajei alto, pensando em quanto custa um apartamento. Fiquei fazendo várias contas de coisas que quero comprar – e de quanto precisava para poder comprar e me tornar "ex" de tudo isso, somando o que eu já havia economizado. Daí, deu um absurdo, tipo 500 paus. Haja programa. Eu não tenho como conseguir isso... Fui eliminando um monte de coisas da minha "lista de desejos" e cheguei a 300 mil reais.

Ganhar essa dinheirama, a princípio, assusta, porque é muito dinheiro. Mais ainda se a gente considerar o jeito que ganho. Então tive a ideia de dividir esses 300 mil reais em cotas, para amenizar – e eu não sentir tanto. A conta foi simples: 300 mil divididos por quinhentas cotas = 600 reais cada cota. Peguei uma folha de papel e numerei de um a quinhentos. Assim, a cada 600 reais que consigo guardar e depositar no banco, vou lá e risco o número correspondente da cota. Quando não tiver mais o que riscar, saberei que consegui os 300 mil. Na verdade, já cortei outros itens da minha lista e baixei o total para 200 mil. Mas acho que, se chegar nos 100 mil, eu paro, mesmo não comprando apartamento. De qualquer forma, já tenho meus planos de futuro. Tem meses que consigo economizar até 8 mil reais. Parece que o futuro está chegando.

Desse tempo, vou levar algumas "heranças": dois *piercings* (um no umbigo, outro no lábio inferior. O terceiro, na sobrancelha, eu tirei) e três *tatoos* (o escorpião do meu signo na parte de trás do ombro, o coração na virilha e uma frase na nuca, que eu tinha feito para meu ex-namorado – da qual me arrependo muito: "Thanks Du". Quando o namoro acabou, mudei para "Thanks Dad"). Além do que "levo", tem coisas que deixei de conquistar. Fiquei dois anos sem estudar, e a sensação de que tinha esquecido tudo foi inevitável. A certeza também. Antes, eu não gostava de estudar. Mudei de ideia. Quero ir para a faculdade assim que tudo isso terminar. O supletivo eu acabo em 2005 e, se conseguir passar no vestibular, em 2006 vou para a faculdade de Psicologia. Conheço um monte de gente que nunca foi para a faculdade, mas que é empresário e ganha superbem. No entanto, tiveram "paitrocínio".

Como eu não tenho mais, me liguei que, para me dar bem na vida, vou ter que estudar, querendo ou não, gostando ou não.

Terça, 28

PRIMEIRO PROGRAMA ☺☺

Hoje foi a terceira vez que fiz programa com eles. Mas, desta vez, não quiseram ir ao motel e vieram no meu *flat*. Brincamos bastante juntos. Primeiro, ela fez um *strip* rápido, mas o suficiente para os três se empolgarem. Então, eu a chupei até ela gozar na minha boca. Bom, o que mais curti foi quando ela estava cavalgando nele enquanto eu fazia um beijo grego nela. Ah, também quando ela estava me chupando enquanto eu chupava ele... Transei um pouco com ele, mas, surpresa, eles transaram bastante só os dois, comigo de *voyeur*. Eu não gozei, embora ela tenha me chupado bem gostoso. Ele também não gozou, pois ficou "segurando". Já ela gozou muito! Umas quatro vezes, pelas minhas contas.

Engraçado: todos os meus amigos, hoje, já foram meus clientes. Com certeza você não saca a amizade no primeiro programa. Como eu já disse, com amigos eu não transo. Nem pessoal nem profissionalmente. E deixo isso claro.

Alguns conseguem ficar no fio da navalha: continuam clientes, mas chegam muito perto de virar amigo, porém sem virar. É gostoso receber algumas demonstrações de carinho deles. Muitos ligam só para saber como estou ou, quando eu não escrevo no *blog*, só para saber se está tudo bem. Ganho muitos presentes, também. Ganhei um CD que o cara personalizou com uma foto minha na capa. O máximo! Outro dia, escrevi no *blog* que queria ler o *Anjos e demônios* e um cliente trouxe o livro para mim. Também é bom na Páscoa, no meu aniversário...

No ano passado, comemorei meu aniversário em um clube de *swing*. Na época, eu estava realmente viciada nesse tipo de lugar. Poder transar com homens e mulheres, gozar de montão, aquele clima de putaria. Assumo que era um prazer pessoal. Tem o lado baladinha, dançar, beber e conversar, e tem, claro, o lado suruba. Mas não é tudo no mesmo ambiente (tem gente que acha que sim). Daí, pensei: "É meu aniversário, eu curto o lugar e tem um monte de gente que nunca teve coragem de ir no *swing* porque acha que é só 'inferno'". Então, esse monte de gente que não tinha coragem teve de ir ao *swing* naquele dia. Na época, eu estava namorando e, lógico!, ele também foi. Eu queria reunir tudo: meu aniversário, a curtição, realizar a fantasia com meu namorado lá dentro, e com meus amigos também. Fantasia realizada (a minha e a de um monte de gente, diga-se de passagem). Presentão.

Para quem não tem coragem (mas muita curiosidade), vou contar como é. Aqui em São Paulo tem um monte deles. Só aqui em Moema são sete! Na fachada, porém, é um lugar comum. Não está escrito "casa de *swing*". Como a maioria, eu imaginava que, logo ao entrar, já se via um monte de gente na suruba, pelado, transando. Na verdade, tudo começa como uma balada normal: bar, mesinhas, pista de dança. É onde rola paquera entre os casais, mas sem putaria. Quando você começa a se aventurar para os fundos da casa é que o bicho pega. Para chegar aos quartinhos, você passa por um labirinto (que nem todas as casas têm): um corredor escuro, bem apertado, que força todo mundo a se encostar, se esfregar. Dá para tirar um sarro gostoso, sem vergonha, pois mal dá para ver quem está ali. Seguindo mais adiante, você chega nos quartinhos. Eles têm paredes de treliça, para quem está fora poder ver tudo o que rola lá dentro (ou o que conseguir ver, pois a luz também não é de estádio de futebol). Tudo funciona para que a coisa seja mais tátil do que visual. Apalpou, gostou do que pegou, libere geral. É uma coisa de maluco: chega a ter vinte casais transando ali, ao mesmo tempo. Para os casais mais recatados, que ficaram xavecando no bar ou na pista, geralmente há quartos privativos para quem quer trocar com outra dupla apenas.

O saco, nesses lugares, é que é difícil encontrar gente bonita. São geralmente pessoas casadas, entre 30 e 45 anos. Nem muito novos, nem muito velhos. Há várias casas que não permitem garotas de programa. Eu mesma já fui barrada em uma dessas. Supõe-se que a garota esteja lá pela grana – e não pela tara, pelo prazer. E eles não curtem isso: os casais estão em busca de troca com outros casais, casados de verdade.

Quinta, 31

SEGUNDO PROGRAMA 😃😃

Foi um programa sussu, sem grandes lembranças. Depois que acabou, ele me falou que tinha prazer com o sadomasoquismo. Ele é sado, que fique bem claro. Só que não fala pelo telefone com a menina porque curte bater de surpresa. Ele me contou que, quando chegou aqui, não teve coragem de me bater. "Você não tem cara de garota de programa. Você é meiguinha e eu não tive coragem de te bater. Vou marcar com outra amanhã só para bater nela." Ainda bem...

Já ouvi muitas histórias de meninas que passam por apuros no trabalho. Acho que, por pura sorte, eu não coleciono muitas passagens assim. Uma das coisas que mais me incomoda no meu trabalho é a hora de cobrar. Eu tenho vergonha. A ponto de, duas vezes, o cliente ter saído sem pagar – e eu, sem cobrar. No ritual do programa, a grana é o último ato. Isso, tipo consulta de psicólogo. Para esses dois, tive de pedir para a Gabi (que é quem atende meu celular e marca os programas, pois nossas vozes são mesmo parecidas) ligar e cobrar. Vexame, não? Um desses "caloteiros involuntários" voltou para pagar. O outro, que já estava meio longe, ficou com os dados da minha conta e fez um depósito. Gente do bem. Outras duas vezes aconteceram no *swing*: um catalão de pouco papo (não só pela língua, mas porque era caladão mesmo) aproveitou que fui ao banheiro e se mandou! O outro eu até perdoo: tinha bebido muito, passei mal e dou razão a ele de não ter querido pagar.

É engraçado, pois essa coisa com dinheiro parece que teve um fim. Depois de tudo o que aprontei em casa, com meus pais, por causa de grana, levar alguns calotes é uma forma de "resgatar" tudo aquilo. Mas outras coisas também "vingaram" minhas aprontadas. Quando ainda estava na Franca, tinha uma amiga, a Taísa. Ela era meio vagabunda (no sentido de não gostar de trabalhar, mesmo) e não ganhava muito dinheiro. Como eu não tinha conta bancária, guardava meu dinheiro na gaveta. Sempre saquei que desaparecia dinheiro de lá, mas nunca acreditei que pudesse ser ela.

Mesmo depois que fomos "saídas" da Franca e tivemos que trabalhar no privê em Moema, e os pequenos furtos continuaram, nunca tive coragem de encostar ela na parede. Não queria perder a amizade por causa de dinheiro. Uma noite, fomos a uma balada na Vila Madalena. Na época, eu ainda cheirava. Além disso, naquela noite, bebi muito. Passei mal, óbvio. No banheiro, achei que ela estava me ajudando, mas senti a mão dela vasculhando meu bolso. Na hora, chapada, nem me atinei. Quando fomos pagar a conta eu percebi que meus 50 reais haviam sumido. Arrastei a Taísa até o banheiro, junto com outra menina, e revistei ela inteirinha. Nada. Na base da força, fiz ela tirar a roupa e... surpresa: os meus 50 reais estavam enroladinhos dentro da calcinha dela. Foi a gota d'água. Ao chegarmos no privê, subi atrás dela no quarto, achando que ela ia me matar. Quase. Muito cabelo puxado, arrancado, unhadas, tapas. Fechei o caso com uma frase: "Você tem inveja de mim porque eu trabalho e você não. Não tem nada, não. Amanhã, eu ganho outro dinheiro".

Outra vez que perdi dinheiro ocorreu no primeiro *flat*. Eu tinha economias de 3 mil reais que simplesmente sumiram. A Gabi disse que, se fosse com ela, ficaria maluca. Eu nem quis saber se foi a empregada ou algum cliente. Quer saber a verdade? Nem fiquei triste. Acho que, de certo modo, terminei de pagar pelo que fiz. Aqui se faz, aqui se paga? Pois é...

Chega desse papo. Vou mudar de assunto. Acho realmente muito bacana quando o cliente desabafa comigo. Tem meninas que acham um porre ficar ouvindo história de cliente. Mas eu sinto que isso é uma parte importante do "pacote" para aqueles homens. Eles não vêm aqui só para despejar esperma. E eles contam coisas que, muitas vezes, não confessariam nem para os amigos ou a esposa. Há alguns que, passado o susto, chegam a ser engraçados. Um desses chegou aqui e me disse que havia comprado dois tijolos de maconha. Fiz cara de assustada (e estava mesmo). Ele me pediu desculpas, mas tinha de contar para alguém. Outra vez, o cliente fez questão de dar a entender que era o "fodão", bandido mesmo. No entanto a transa rolou legal, sem sustos. Mas ao voltar do banho, ouvi ele falando no celular: "Não. Vê se ele morreu mesmo. Porque, se não morreu, a gente tem de acabar com isso". Ele falava tanta gíria no meio que eu quase não entendia nada. Fiquei olhando bem para ele, e ele tinha cara de bandido. Sabe aqueles que aparecem na TV, no noticiário? Comecei a chorar, mas sem ele perceber. Fiquei bem assustada.

Outras vezes, o susto é outro... Eu curto tentar adivinhar como é o p... do cara assim que ele chega. Às vezes, acerto. Principalmente quem tem p... pequeno. Engraçado, com esses está na cara. Não sei explicar, embora acerte quase 90% das vezes. Já o bem-dotado é sempre um enigma. Tem uns caras que chegam e você imagina horrores. Na hora do vamos ver, não que seja pequeno, mas não é o monumento que parecia ser. E há outros que, de saída, você não dá nada por ele. Na hora que o bicho pega, surpresa! Já cheguei a pensar "não vai caber". Se nem no teste da boca passa (só entra a cabeça, mesmo), imagina na bu... Confesso que em certas horas o tamanho assusta. Mas sempre se dá um jeitinho.

Pessoalmente, não me ligo muito na estampa do homem ou no "tamanho". Alguns clientes, claro, eu gostaria de ter conhecido em outra situação. Sim, me envolveria com eles: homens gentis, às vezes bonitos, outras vezes não. Eu, como todas as mulheres, sonhava com o homem ideal. O meu tinha de ser fiel. Hoje, já desisti de encontrar... É o sonho do tipo impossível. Mas quero um companheiro. Que me dê carinho, proteção – e que vai ter isso de volta também. Que tenhamos cumplicidade entre nós. E não faço, mesmo, questão de beleza. Ela não me importa mais.

Segunda, 9

QUINTO PROGRAMA ☺☺

> Cliente tosco, cavalo, mas tentou ser bacana. Definitivamente, não rolou química, muito menos afinidade. No começo, o programa foi em clima de putaria, mas depois ficou mecânico. Muito mecânico. Meu, eu fiquei com nojo dele, principalmente da língua dele, e quase chorei. Juro. Daí, respirei fundo e lembrei que quem está na chuva é para se molhar... Ele me chupou, mas eu não consegui gozar de jeito nenhum, por causa do nojo que eu estava da língua dele. Como ele demorou para gozar, dei um jeito de contornar a situação: chupei um pouco o cara e depois fiquei de quatro. Ele gozou na minha bu...

Pois é, nem sempre rola de tirar prazer do trabalho. Mas algumas coisas que a gente faz nos levam ao arrependimento. Não, não vou dar uma de falso moralista aqui, calma. Acho que, nessa minha trajetória, mais, na minha vida, a única coisa de que me arrependo é ter feito o bendito filme pornô. No meu prédio também moram muitos garotos de programa e alguns atores. Eu sempre encontrava alguns deles no elevador e já vinha aquele papinho: "Você é bonita!", "Não quer tirar umas fotos para eu levar para a produtora onde eu faço filme?". Ouvi isso tantas vezes que acabei mandando as fotos para a tal produtora. Eu tinha consciência de que não eram filmes "de arte". Me chamaram, e lá fui eu.

Não foi legal. Nem um pouco legal. É tudo muito artificial, tudo montado. Para toda hora, o diretor pede para parar, manda cortar. Difícil fazer alguma coisa natural desse jeito... Você não pode olhar para a câmera, porque tem de ficar o tempo todo olhando para o bendito diretor para ver os sinais que ele faz. Quando ele levanta a mão assim, é para mudar de posição. De outro jeito, é para gemer. Transar com um monte de gente à sua volta e prestando atenção às ordens do diretor é uma loucura. Foi interessante porque fiquei sabendo como se faz. Não foi bacana porque vi realmente que não é nada daquilo que a gente pensa que é...

Também não foi legal por outras razões. Eles pagam muito mal. Você ganha pouquíssimo. Dá até vergonha de falar quanto eu ganhei porque é miséria, mesmo. Tá bom: foram 500 reais. Isso só acontece porque é no Brasil. Nos Estados Unidos, é profissão. O respeito é outro.

Sei que tudo que aconteceu na minha vida, a fama (sei, sei, passageira), as coisas boas e ruins, de certo modo ainda me assustam. Outro dia, eu estava andando aqui mesmo na rua em que moro, de óculos escuros, quando um cara passou do meu lado, encostou em mim (eu achando que era assalto) e falou: "Com licença. Desculpe a pergunta, mas você é a Bruna Surfistinha?". "Não, não sou." "Ah, então, desculpa, eu me enganei." Fiquei supersurpresa, jamais esperava que alguém fosse me abordar na rua, me reconhecer. Fiquei tão sem reação que acabei falando que não era eu. Que bobagem…

Por outro lado, já aconteceu de eu ficar com um cara, numa troca de casais em um *swing*, e ele virar depois e dizer: "Você é a Bruna Surfistinha, não é? Eu sempre fui louco para fazer programa com você, mas agora tive de graça". Quis matar o cara. Brincadeira. O que mais me surpreende é que as reações das pessoas, na maioria das vezes, ao me reconhecer, é de neutralidade, embora já tenha ouvido risinhos enquanto eu passo em algum lugar. Mas sempre fica a dúvida: será que era de mim que estavam rindo, de mim que estavam falando? Tenho a impressão que sim, mas não sei qual o motivo. Não vou ficar na neurose por causa da vida que levo. Ficar imaginando que algum carinha está me paquerando por saber quem eu sou. Sou uma mulher bonita. Não vou ficar pensando: "Ah, ele me reconheceu e por isso está dando em cima". É loucura demais. Prefiro "deixar a vida me levar".

Às vezes, de madrugada, vou até o prédio em que meus pais moram. Fico na calçada um tempão. Na última vez, fui com meu namorado: meia hora ali, bebendo, enquanto passava o filminho na minha cabeça. Eu vejo o portão e uma menina saindo assustada, com a roupa do colégio, uma mochila com algumas roupas, desnorteada, sem rumo – caminhando para o destino que ela escolheu. Lá de baixo, olho as janelas de luzes apagadas no apartamento em que um dia morei. Lembro do meu quarto clarinho, das persianas (nada de cortinas ou bichinhos de pelúcia: tenho asma e rinite...), dos móveis da Babylândia (não queria móveis de "adulto") e da grande bancada onde eu estudava e fazia as lições de casa, e passava horas no meu computador ou vendo a TV. Não vou até lá esperando um encontro casual. Pelo horário, quero mesmo é não ver ninguém. Não estou preparada. Nem eles. Como meu pai reagiria? E minha mãe? Nós nunca mais nos falamos. Vamos nos encontrar um dia, claro, mas vai ser planejado. Quando eu parar de fazer programa, quero provar para eles que fiz, mas parei. Tomara que isso facilite a volta. Terminada a cerveja, dou uma última passeada pela frente do prédio, olho ao redor e vejo que muita coisa mudou. Inclusive eu.

Hoje vejo que tudo o que vivi era uma fase pela qual eu tinha que passar. Sem arrependimentos. Três anos que eram para ter acontecido assim: putaria, drogas... Se não fosse desse jeito, longe dos meus pais, talvez eu ainda estivesse tomando antidepressivos. E eles, nem sei... Por que foi bom? Por vários motivos (eu sempre vejo o lado bom das coisas). Desde o meu amadurecimento como pessoa, de aprender a cuidar e a gostar de mim, ao aprendizado de conviver com todo tipo de gente, de respeitar o lado de cada um. Antes, eu não respeitava ninguém. Se não fosse garota de programa, nunca aceitaria as diferenças das pessoas. Conheci todo tipo de gente: boas e ruins. A melhor delas foi a Gabi. Por tudo isso, sei que fiquei menos egoísta. Penso até que, se tivesse sido mais paciente, dado um tempo, se não tivesse saído de casa, a minha relação com meus pais um dia ia voltar ao normal. Nada de Bruna, só Raquel. Mas só a Bruna podia chegar a essa conclusão. Nunca a Raquel...

No ano passado, fui visitar minha avó materna, que está numa clínica geriátrica em Sorocaba. Ela me mostrou um álbum de fotos. Entre elas, nenhuma do meu pai. Mas havia uma de minha mãe, segurando no colo minha sobrinha recém-nascida, que, por motivos óbvios, eu ainda não conheço. Não sei por que, mas resolvi pegar a foto emprestada e tirar um xerox. Guardo essa foto na minha agenda. De certo modo, me aproxima da minha mãe – e da maternidade. Eu penso nos meus filhos (quero ter dois: um casalzinho, gêmeos, de preferência). Me imagino uma mãe mais companheira, liberal. Sou a prova viva de que não adianta você prender filho, proibir. Tudo bem que os meus filhos poderão sair e voltar a hora que quiserem, desde que eu vá levar e buscar. Ter vivido a minha vida me mostrou bem onde está a maioria das armadilhas do mundo. Eu caí em todas elas.

Quinta, 21

> … Às vezes, paro para pensar no que fiz na minha vida, mas sei que colherei os meus frutos, ou até que já os estou colhendo sem saber. Hoje fiquei relembrando todo o meu passado, sem depressão; apenas lembrei com saudades e com carinho. Se não fosse o meu passado, acho que não teria me tornado a pessoa que sou, não a puta que sou, mas o meu outro lado, que poucas pessoas conhecem. É tão bom lembrar das risadas em família, das viagens, dos colegas do colégio, de tudo… Depois que fiquei um tempão assistindo ao "filme" do meu passado, que passou apenas pelos pensamen-

tos, limpei as lágrimas e levantei a cabeça. Gosto de chorar porque me faz bem.

Quando este livro estiver lançado eu não estarei mais fazendo programas. Não sei qual o dia exato de outubro, só sei que será antes do meu aniversário. O presente que me darei.

Quero que os meus pais saibam e entendam que tudo o que fiz foi em nome da minha felicidade. Para sermos felizes precisamos sempre abrir mão de algo. Não dá para termos tudo de uma vez.

Tive a sorte de encontrar o homem da minha vida fazendo programas. Sei que não são todas as garotas de programa que têm o mesmo final feliz.

Vou me aposentar, mas continuarei com o *blog* até o último dia de minha vida. Ainda quero escrever nele que "amanhã será o meu casamento" ou que "o meu filho nasceu ontem". E espero mais ainda que estes fatos aconteçam com o Pedro.

O importante na vida é nunca desistir de buscar a felicidade.

As histórias proibidas de Bruna Surfistinha

Em quase três anos fazendo programa, pelas minhas contas, acho que já fiz mais de mil programas. Na teoria pode parecer pouco. Mas na prática... E não falo isso apenas por conta dos programas, do sexo em si, mas também por ter que enfrentar todo tipo de homem: bonitos, feios, cheirosos, outros nem tanto, calmos, apressados, machões, rudes, sensíveis. Hoje posso dizer que nenhuma fantasia me assusta mais, pois já fiz e vi de tudo.

Algumas foram um tanto estranhas, confesso. Porém, acho que o mais importante é as pessoas não terem vergonha nem medo de realizar suas fantasias – por mais que sejam, digamos, fora do padrão. A fantasia mais comum dos homens que me procuram, e que eu já realizei diversas vezes, é a de eu ter de fazer a "parte ativa", com a troca de papéis durante o sexo: eu faço a parte do homem durante a relação, penetrando nele um vibrador.

É incrível como os homens sentem prazer na região anal, mas a maioria não assume, já que o machismo não permite. Considero este tipo de prazer normal, já que, se não fosse gostoso, não teriam tantos homossexuais. Por que um homem que gosta de fazer anal não procura um outro homem (em vez de uma mulher) para fazer este papel? Perguntei isso a todos que realizaram essa fantasia comigo e sempre escutei a mesma resposta: fazer anal com uma mulher não faz com que se sintam homossexuais. Não vejo o menor problema em realizar essa fantasia. Apenas noto que 99% dos clientes que já me pediram isso são casados. Bem, por que estava contando isso? Ah, para dizer que esse fato é mais comum do que a gente imagina, e contar um caso de quando me pediram para enfiar outra coisa…

Um dia, subi com um cliente absolutamente comum. No quarto, não sei se consegui esconder a surpresa quando ele falou: "Enfia o seu punho em mim". Ele não estava sem jeito ao me pedir isso. E estava até preparado. Caramba! Eu pensava que não ia caber. Tenho um amigo médico que conta sobre os plantões estranhos, quando chegam caras com todo tipo de coisa enfiado e que não conseguem tirar. Garrafa, que faz pressão e não sai mais, é o mais comum.

Bem, impossível deduzi que não era. Se cabia uma garrafa *long neck*, a mão não seria tão maior. Percebi que o cara era muito experiente nisso. Tirou da pasta uma luva cirúrgica e me pediu que a vestisse. Enquanto ia abrindo a embalagem, disse, sem nenhum rodeio: "Essa é uma coisa que você nunca fez, tenho certeza". Antes que pudesse falar qualquer coisa, além do que minha cara provavelmente já devia estar dizendo, ele continuou: "E acho que também nunca mais vai fazer. Quero que você enfie seu punho em mim". "Tudo bem, mas você tem que me ensinar como se faz isso." "Coloca um dedo, depois dois, até colocar todos e vai empurrando que entra." Foi um montão de gel... Não rola de fazer de uma vez. Segui suas instruções, até que entrou tudo, com certa facilidade.

Quando estava tudo lá dentro, até a metade do punho, lembrei do amigo médico e quase morri de medo de o ânus dele inchar e a mão não sair mais. Já imaginou eu chegando ao hospital engatada no cara? Confesso que tive receio de sair sujeira, sei lá. Não curto. "Fique tranquila, eu fiz uma lavagem antes de vir pra cá. Não vai acontecer nenhum 'acidente'." Não parecia que estava machucando. Pela conversa dele, pela facilidade com que enfiei tudo e pelo prazer que ele demonstrava, essa não era sua primeira vez.

Fiquei um tempão lá dentro, seguindo suas ordens: "Mexe para a direita, fica mexendo aí dentro". Acho que foi mais de meia hora, eu com a mão inteira dentro dele, de quatro no chão, batendo punheta, até gozar – o que demorou um tempão. Não transamos. Bem, não fizemos o "trivial".

Pedofilia e incesto, pelo que ouço na liberdade da cama, na intimidade (mesmo que apenas profissional, de quem acabou de fazer sexo), lidera o *ranking* das fantasias. Filho com desejo pela mãe, tio pela sobrinha, pai por filha... Um dia, um cliente com quem já havia feito alguns programas chegou desesperado, dizendo que o casamento dele ia acabar. Não falava coisa com coisa. Só repetia que o casamento ia acabar, que a vida dele ia acabar.

"Eu como um amigo do meu filho, que é homossexual e mora no meu prédio." Não me abalei. O garoto já tinha 17 anos e, mesmo sendo menor de idade, já sabia bem o que estava fazendo. Já tive 17 anos e já sabia bem o que estava fazendo, não fui enganada, conduzida nem iludida por ninguém quando virei garota de programa. Ele achava que o filho havia descoberto a história toda e morria de medo que ele contasse tudo à sua mulher. Conversamos bastante, até que ele se acalmou e chegamos no ponto. Ele confessou que, na verdade, o que o atormentava não era nem o fato de ser descoberto. O mais difícil era conviver com o desejo que sentia pelo próprio filho...

No meu trabalho, respeito (e realizo) os desejos e as fantasias de todo mundo, mesmo que não aceite, pessoalmente, algumas delas. Tanto que, se algum namorado disser que tem a fantasia tal ou tal, vou achar o cara louco. E não vai rolar! Na minha cama, fora do trabalho, sexo é liberal, mas nem tanto!

Adoro uma festinha. Não as do *swing*, mas aqui no meu *flat* ou no apartamento de algum cliente. Já participei de muitas... Uma foi inesquecível. Adivinha quantos foram. Quatro? Não. Cinco? Não... OITO. E só eu de menina. Não era para ser só eu. Os garotões, bem novinhos, tinham chamado mais três garotas. Seriam dois p... para cada uma. Eu seria o "prato principal", já que todos queriam ficar comigo um pouco. No entanto, quando as outras três chegaram, eles não curtiram nenhuma delas e me propuseram: "E se a gente ficasse só com você? Topa?". Topei na hora.

Tinha de usar e abusar da criatividade para dar conta, mas isso eu tenho de sobra. Seria um *gang bang* de primeira. Eles decidiram que seriam turnos de quatro a cada vez, já que muito homem junto ia parecer viadagem. Foram os primeiros quatro. Para quem sabe contar, dá para saber que dei conta direitinho. Primeiro, um revezamento de pica: rodeada pelos quatro, chupava um de um lado e outro de outro, enquanto punhetava outros dois. Cada um ganhava uma chupada e uma punhetada, nessa ordem. Mas em putaria não tem essa de organização, fila, vez.

Como os quatro estavam em ponto de bala, o primeiro deitou de costas e eu cavalguei, sem soltar os outros três: um em cada mão e outro na boca. Foi depois disso que começou o verdadeiro rodízio: DPS variadas e, conforme um ia gozando, saía do quarto e chamava outro, que entrava na farra, sempre começando com uma chupeta intercalada por uma punheta. Feliz de quem demorava para gozar – ou se recuperava rapidinho para tentar um segundo tempo. Eu gozei bastante, e nem precisei de muito esforço interior. Fui derrubando um por um, todos aqueles p... duros. Nem sei quantas vezes foram, no final das contas. Mas o melhor de tudo foi que essa também foi minha transa mais lucrativa: oito programas de uma vez só, e só para mim.

Há um tempo, um cliente foi muito agressivo comigo e eu fiquei um pouco abalada. O que me consolou foi saber que o cara, já com certa idade, nunca se casou.

Conclui que não era a primeira nem a última mulher que ele tratou mal. Depois que ele foi embora nesse dia, registrei o número dele no meu celular para que nunca mais o atendesse. O tempo passou e, volta e meia, ele me ligava, mas eu não o atendia. Até que, certo dia, ele me ligou de um número diferente e disse outro nome. Como não reconheci a voz, marquei o programa. Ao abrir a porta, levei um susto; não sabia o que fazer. Ele entrou já me agarrando e me jogando com força no sofá. Na hora, pensei em tudo, menos no dinheiro que estaria ganhando. Subimos para o quarto e, ainda agressivo, ele me empurrou para a cama e começou a tirar a minha roupa... Fiquei com nojo daquelas mãos suadas no meu corpo. Ele nem parecia um homem, mas um animal. Se não fosse garota de programa, no mínimo me sentiria como vítima de estupro. Mas, sendo prima, me senti um lixo.

Disse que, se ele continuasse agressivo, eu não faria o programa. Mas ele nem me escutou. Ou apenas fingiu. Como sabia que me estressaria muito mais se o mandasse embora, decidi continuar o programa. Fiquei de quatro e ele enfiou com tudo na minha bu... Começou a doer muito porque eu estava mais seca do que o deserto do Saara e, além disso, ele estava metendo de forma agressiva, como se eu fosse uma boneca inflável. Até que ele tirou o p... da bu... e colocou no c... A dor foi maior ainda porque lá também estava seco. Eu consegui alcançar o gel em cima do criado-mudo e passei em mim. Ele achou ruim de eu estar passando KY, como se ele fosse capaz de deixar alguma mulher molhada.

Continuei de quatro e ele não gozava nunca. Cada segundo parecia uma eternidade... Tentei segurar, mas não consegui e comecei a chorar. Não sei se chorei de raiva, ódio, dor ou nojo. Acho que chorei por tudo... Até que decidi parar de chorar, pois sabia que de nada adiantaria, e poderia até piorar a situação. Tentei ser forte e segurar a raiva.

Nem fiz questão de fingir prazer... gastar saliva em gemidos falsos pra quê? Queria que ele soubesse a verdade: que eu estava odiando estar ali com ele. Então ele virou o meu corpo num papai e mamãe... meu corpo estava tão mole que realmente me senti como uma boneca de plástico... Ele ficou um tempão em cima de mim. A esta altura do campeonato, sabendo que o tempo do programa já estava acabando, só pensava no dinheiro. "Falta pouco", repetia mentalmente.

Não sei o que passou na cabecinha dele por um momento, só sei que eu estava com os olhos fechados, com ele ainda em cima de mim, quando levei um susto ao sentir um tapa na cara. Fiquei ainda mais assustada por ter sido apanhada de surpresa. Quando ele deu o segundo, pedi para parar... Ainda bem que ele parou no segundo, porque não sei do que seria capaz...

Ele parou e continuou, e eu não aguentava mais, estava prestes a explodir e fazer não sei o quê. Sei lá, faria o que desse vontade naquele momento. Não fechei mais os olhos, para que ele não inventasse de fazer algo aproveitando que eu não estava vendo nada. Mas fiquei olhando para o lado... e passou pela minha cabeça que, depois que o meu pai tinha me batido, ele era o único homem que eu tinha deixado dar tapas na minha cara. Mas naquele momento vi que qualquer homem é capaz de bater na minha cara...

Até que o período do programa acabou. Levantei da cama e disse que eu não tinha culpa de ele não ter gozado. E o que eu poderia fazer era ajudá-lo a bater uma punheta. Foi o que fizemos. Ele se vestiu, me pagou e foi embora. Sentei no sofá e fiquei um tempão olhando o dinheiro. Toda a raiva que até então eu sentia dele passou e, no lugar, ficou o sentimento de dó. Sim, porque, de homens assim, devemos ter dó, e não raiva. É um homem que nunca foi amado – ele mesmo me contou, na primeira vez, que nem noivo ele foi. Sei muito bem o motivo. É um cara que, sem precisar dizer nada, percebe-se, pelo seu olhar, o quanto é triste e sozinho. E a agressividade dele na cama é apenas o reflexo de um ser mal-amado.

O cliente veio de outra cidade só para fazer programa comigo. Tudo bem que a cidadezinha é próxima de São Paulo... Mesmo não sendo muito longe, foi a maior consideração da parte dele, porque na sua cidade há primas. Mas ele veio atrás de mim. É de uma religião oriental – não entendi o nome direito. Até me benzeu. Ficamos sentados um na frente do outro com as mãos estendidas e ele ficava falando algumas coisas que não consegui entender também... Segundo ele, o que fez comigo foi uma oração para purificar o meu espírito. E não é que funcionou?? É sério... Fiquei muito relaxada depois. Juro.

No meio da transa, ele me perguntou: "Você quer conhecer o Zequinha?". Demorou para a minha ficha cair... Mesmo assim, respondi que sim. Quando ele tirou a cueca, entendi que "Zequinha" é como ele chama o menininho dele... Então tá, né?

A melhor coisa que aconteceu no *swing* foi ter reencontrado um casal que tinha conhecido lá três meses antes. Com eles, eu e ela não brincamos, apenas trocamos de par. Ele é um quarentão muito gostoso do tipo que me atrai e que gostaria de ter para mim. Cabelos grisalhos, cara de safado, corpo enxuto – e mete muito bem. Quando o vi, ele estava sentado e eu, na pista dançando. Ele sorriu para mim. Depois, em certo momento, quando ela não estava por perto, ele me puxou e me deu uma lambida e umas mordidinhas, daquelas que não tem como não ficar com tesão. Discretamente, me deu um cartão com o telefone dele e pediu para que eu ligasse para nos encontrarmos sozinhos. Mas o meu cliente ficou com ciúmes e não deixou que eu ficasse com ele.

Comecei a ficar com uma loirinha, até que gostosinha... Como eu estava louca para chupar uma bu..., perguntei logo se eu poderia chupá-la e ela disse que sim. Ela sentou e eu a fiquei chupando durante um bom tempo, mas ela não gozou. Enquanto eu a chupava, o marido dela ficava me acariciando – e eu comecei a ficar com nojo. Quando estou com uma mulher, não gosto que um homem fique me tocando.

Mas, do meu outro lado, tinha uma outra mulher que me tocava mais ainda. Era um toque suave, mesmo sendo por cima da minha roupa. Dava para sentir a delicadeza. Ela falou no meu ouvido: "Você é muito gostosa, deixa eu te beijar?". Meu Deus! Para que ela fez isso? Não pensei duas vezes. Abandonei a loirinha e fui para os braços da morena que era muito mais gostosa. Nós nos beijamos muito, chupei muito o peito dela, que também era siliconizado, e ela chupou os meus.

Ela me falava muita sacanagem; dava para perceber que estava com tesão e que agia naturalmente. "Adoro menininha nova como você", ela me disse em certa hora. Ela deveria ter uns trinta anos. Acho que ficamos mais de meia hora juntas… Primeiro ela me chupou até eu gozar. E depois eu fiz o mesmo com ela. Fomos supercarinhosas uma com a outra, tanto que fiz questão de me despedir dela. Quando a abracei, falei: "Foi muito bom ter ficado com você".

Ah, como eu queria reencontrá-la fora daquele inferninho e sem nenhum homem por perto. Só nós duas. Eu deveria ter pedido o telefone. Sei lá… me encantei com essa mulher. Tanto que depois perdi a vontade de ficar com outras.

Eu e meu namorado estávamos voltando para casa e passamos por uma região onde vários travestis fazem ponto. Como eu já estava "alegrinha" por causa da bebida, tive vontade de conhecer o tipo de pessoa que sai com travecos. Não tenho nada contra travesti. Acho que cada um faz o que bem quiser com o próprio corpo e ninguém tem nada a ver com isso. Fiz ponto durante uns quarenta minutos numa esquina de uma rua tranquila. O Pedro, claro, ficou estacionado ali perto, meio escondido no carro para que ninguém percebesse que estava me vigiando.

A adrenalina foi pura, porque eu fiquei ligada em tudo. Olhava ao meu redor para ver se não vinha nenhum travesti tirar satisfação comigo – vai que eu estava usando o ponto de alguém, né? –, ficava vigiando o carro do Pedro porque ele chama a atenção, e estava atenta para o interior do carro dos clientes que paravam...

Passei muito frio, pois, apesar de estar com calça jeans, estava de regata.... e isto é o primeiro ponto que quero discutir, pois reparei que todos os travestis trabalham seminus, mesmo com o frio.

No tempo em que fiquei lá, pararam mais de dez carros, não sei exatamente quantos porque só consegui contar até dez, depois perdi as contas... Desses que pararam, apenas três me confundiram com um travesti; os outros perceberam que sou prima. Achei engraçado porque um parou e me perguntou: "Você é mulher, né??". Respondi que sim, então ele completou: "Ufa... até que enfim encontro uma por aqui, mas você está fazendo ponto no lugar errado, hein...".

Há um que eu não posso deixar de comentar aqui. Ele pensou que eu fosse travesti e até perguntou qual era o tamanho do meu dote. *Rs*. Ficamos conversando um pouco e logo notei a presença de uma aliança na mão esquerda dele. Não pude deixar esse fato passar em branco e perguntei se era casado. Respondeu que sim. Então perguntei se a mulher dele sabia que ele saía com travesti, e ele respondeu: "Ela não imagina que faço isso, nem pode imaginar também!!".

A pessoa gosta de travesti??? Beleza… é o direito dela gostar… mas por que então se casa com uma mulher????? Se gosta de travesti, tudo bem, meu, mas pelo menos case com um, oras. É simples… Já escutei várias histórias assim, de homens que casaram com um travesti sem vergonha nem culpa nenhuma. Estes sim que são machos e homens de verdade!! Porque assumem do que gostam…

Parou também um carro com dois molequinhos brotinhos… Ainda bem que eles não me decepcionaram e perceberam que eu era mulher. Perguntei se eles gostavam de travesti e eles responderam juntos: "Para com isso, nós gostamos é de mulher". Teve um que parou e perguntou logo de cara se eu era travesti. Respondi que sim. Daí ele olhou em direção da minha bu… e disse: "Ahhh, mas não parece que você tem um p… aí". Respondi: "É porque ele está molinho". Daí não aguentei e comecei a rir, e ele percebeu que eu o estava enganando.

Ai, e um cara de doido que me disse assim: "Quanto você cobra para que eu dê uma gozadinha rápida na sua boca?".

Bom, para evitar que os caras aceitassem sair comigo, eu falava um cachê alto. Para um carro meio ruinzinho, eu dizia que o cachê era de 100 reais, porque sabia que esse valor seria muito para ele. E se fosse um carro bom, eu dizia que o cachê era de 300, pois mesmo o cara tendo pinta de quem tem grana, sabia que esse valor era muito para cobrar naquele local.

Ninguém reclamava do meu preço, apenas diziam que não tinham; alguns até tentavam pechinchar. Um me disse assim: "Você realmente vale isso, mas eu só estou com 40 reais na carteira". E completou: "Não dá para você fazer nada com este valor?". Eu ri… e disse que não… porque realmente, nem por uma simples punhetinha, eu cobraria isso.

De fato, estava cobrando um valor altíssimo para quem faz ponto na rua, já que quem faz isso cobra no máximo 50 reais. Tanto que um disse que sempre quando pega alguém na rua, ninguém cobra mais de 40 dele.

Eu meio que "aloprei" um tiozinho, mas ele nem percebeu. Ele parou pensando que eu fosse travesti. Quando chegou perto, me olhou bem de cima para baixo e percebeu que eu não era. Mesmo assim, ficamos conversando um pouco, perguntei se ele sai com frequência com travesti e ele disse que sim. Perguntei por que gosta e, segundo ele, estar com um travesti une a vontade de ficar com um homem e uma mulher ao mesmo tempo. Perguntei se o c... dele está arrombadinho e ele respondeu, supersério – pensando que eu estivesse levando a sério também –, que achava que sim, pois ele não sente mais dor em dar o buraquinho.

Atendi a dois clientes de uma vez, em clima de putaria. Um deles já tinha feito programa comigo. Enquanto eu chupava um, o outro ficou nos observando, batendo uma punhetinha. E o que eu estava chupando gozou no meu oral. Logo depois ataquei o p... do outro e o fiz gozar no oral também. Deitei e os dois ficaram chupando os meus peitos ao mesmo tempo. Muito bom. Enquanto isso, fiquei sentindo a mão de um deles me masturbando. Só não gozei porque ele não sabe masturbar uma mulher. Mas valeu a intenção...

Então fiquei de quatro, e enquanto eu "dava" para um, chupava o outro. Ao mesmo tempo. O que eu estava chupando gozou primeiro e o outro ainda demorou um pouco. Fiquei com muito tesão por estar com dois homens...

Numa noite dessas, no *swing*, fiquei com uma moreninha muito gostosa. Ela estava dando para o parceiro e eu sentei ao lado para tocá-la. Não aguentei segurar o tesão e comecei a chupar os peitos dela, que eram deliciosos. E nos beijamos muito. Porém, não passou disso. Eu estava louca para chupá-la, mas acabei não tendo coragem. Trocamos de casal e foi uma ótima troca. Curti o parceiro dela e ele me pegou do jeito que eu gosto. Infelizmente gozou rápido.

Quando estávamos indo embora, vi numa mesa uma loira muito gostosa, acompanhada por um velho que tinha idade para ser avô dela. Juro. Ela me puxou, mas notei que estava bêbada. Fiquei na frente dela e ela colocou um peito meu para fora do decote e começou a chupá-lo. Enquanto ela lambia o peito, ficava olhando para mim, sem piscar. Coisa muito boa. Porém, o meu cliente me puxou para irmos embora.

Atendo o telefone e o sujeito me pergunta, na lata: "Faz chuva negra?". Bem, eu já havia feito muitas vezes a chuva dourada, mas nunca tinha feito a negra. Explico as duas. A dourada é quando o cliente pede para você mijar em cima dele, enquanto ele se acaba na punheta. Geralmente eles preferem tomar a chuva depois de já terem metido um pouco, para chegar ao clímax com o "pedido especial". Não é coisa fácil de fazer, lógico. Primeiro, você precisa tomar muita cerveja e se concentrar bastante. Não dá para transar com a bexiga cheia no limite, pois não há mulher que segure... Então, você tem que dosar bem, para estar preparada e, na hora em que "seu mestre mandar", abrir a torneirinha.

Já com cocô, a coisa é mais difícil. Fiz duas vezes numa só: a primeira e a última. Quando o cliente me perguntou pelo telefone, disse sim. Mais pela curiosidade do que pela vontade. Afinal, a gente deve experimentar de tudo antes de dizer se gosta ou não, certo? E lá fui eu. Confesso que fiquei meio nervosa com a situação. O cara queria gozar na punheta enquanto eu fazia o "número dois" em cima dele. Ele chegou, tivemos um pouco de preliminares, com ele colocando o dedinho no meu c..., brincando com a minha bunda. Ele não quis nem meter. Ficamos nessa brincadeira, até que eu disse que estava com vontade. Ele ficou deitado de costas, batendo uma punheta frenética, com o olho vidrado na minha bunda, eu de cócoras, de costas para ele. E eu fiz... Não era isso o que ele queria?

Eu ia atacar o cliente logo quando deitamos, mas ele pediu para conversarmos antes porque ele gosta do jogo da conquista, mesmo com prima. Então tá. Ficamos conversando até que ele me perguntou se eu beijo. Respondi que não todos os clientes, apenas os que eu quero. Aproveitei então para beijá-lo. Ele me colocou deitada de bruços e ficou lambendo e dando mordidinhas nas minhas costas e no bumbum. Depois me virou de frente e começou a me chupar. Logo depois que gozei na boca dele, ele me deu um beijo e eu pude sentir o gosto do meu melzinho... depois ele desceu novamente, começou a chupar os meus peitos e continuou descendo... barriga, bu..., pernas e pés. Subiu e chupou mais a minha bu... até eu gozar novamente. E me deu outro beijo.

Encapotamos o menininho, que estava duro e latejando, e eu nem tinha ainda tocado nele... ele veio para cima de mim num papis e mamis, mas o menininho começou a desanimar encapotado. Ele me confessou que, como estava acostumado a transar sem camisinha com a esposa, quando era obrigado a encapotar, ele brochava. Normal. E não me abalei.

Então ele pediu para fazer um 69 para que o menininho se animasse novamente. Fizemos durante um tempo, porém como o menininho ainda estava "preso", ele não se animou.

Ele quis dar um tempo para "descansar". Daí começou a me chupar novamente e eu gozei pela terceira vez. O menininho se empolgou, assim colocamos outra camisinha, no entanto em pouco tempo desanimou novamente… então não teve jeito e o programa acabou por dois motivos: pelo tempo e porque não seria possível transarmos… Em resumo: não transamos, gozei três vezes e ainda ganhei dindim… ai, ai… Mesmo assim, ele disse que voltará…

Pintou um gringo, inglês (*from London*). Ele era bem carente e carinhoso. Rolou uma química gostosa – e se eu entendesse bem o que ele falava, poderia ter rolado afinidade, tenho certeza. Mas o grande barato desse programa foi poder conhecer o hotel Unique, onde ele estava hospedado e onde fui atendê-lo. Chiquérrimo! O quarto é muito fofo e a TV é de plasma. Tentamos conversar um pouco em inglês, mas ele começou a falar um "portunhol". Ficava pedindo a toda hora que ele repetisse, porque ele falava rápido e eu não entendia nada. Pensei que ele fosse frio, como são os gringos. Mas não: muito ao contrário… Ele até se preocupou em me fazer gozar. Me chupou um tempão. Percebi que ele não pararia enquanto não conseguisse. Dá-lhe força interna! Pedi para ele deitar de bruços e comecei a lamber as costas dele. O gringo acendeu e… surpresa: virou de frango assado, me oferecendo o c…, que eu não recusei. Foi um beijo grego que deixou o inglês ardendo. Revezei entre o c... e o p... dele, até ele gozar.

Hoje aprendi duas novas posições: na primeira, o cliente me colocou deitada de costas, com as pernas para trás, como se eu fosse dar uma cambalhota. Parecia até um bebê, quando a mãe vai passar talquinho na bunda. Enquanto isso, ele me comeu a bu... de cócoras. Essa foi a que eu mais gostei. A outra eu até já tinha ouvido falar, mas nunca tinha feito. É a tal tesourinha. Ambos de pernas abertas, como duas tesouras, encaixadas uma na outra. Interessante, pois dá para ter suporte na perna do outro, ficar puxando pelas pernas. Recomendo.

Já transei, sim, com gente famosa. Que mania de as pessoas acharem que famosos não sentem vontade... Podem ficar tranquilos: não sou nem nunca serei de citar nomes. Faz parte da ética da profissão. Sou garota de programa, não chantagista. Um deles, quando chegou, pensei: “Conheço esse cara de algum lugar”. Mas a sensação passou. Afinal, a gente estava ali para fazer outra coisa. Nem me preocupei em descobrir de onde, nada. Mas percebi que ele estava meio amuado com o fato de eu não ter falado nada. No meio da transsa, ele veio com aquele papinho: "O garoto da portaria do seu *flat* me pediu um autógrafo". Coitado, deve ter ficado frustrado. Não falei nada e continuei na chupeta. Nunca fui deslumbrada com isso, não ia ser agora que ia ficar. Se ele estava esperando um ataque de fã, um pedido de autógrafo, sei lá, ficou na vontade. E não tem essa de tratamento VIP, de não cobrar a conta. Afinal, naquela situação, a estrela era eu...

Um outro famoso foi um apresentador de TV. Transa tranquila, estilo namoradinhos, que depois virou putaria. Eu sabia (e ele sabia que eu sabia) quem ele era, claro. Dispensava apresentações.

Uma verdadeira suruba entre luluzinhas. Somente eu e mais três mulheres, sem nenhum homem por perto. Todas com a bu... gordinha, do jeito que eu gosto. Enquanto uma vai despindo a outra, com delicadeza, surge uma multidão de *lingeries* excitantes, peitos siliconados e naturais, todos diferentes mas igualmente gostosos. Bicos pequenos, outros salientes, mas nenhum seio "ovo frito": só os suculentos, que dá para pegar, acariciar, chupar.

Como em um elo de corrente, cada uma vai se enga-
tando de boca na bu… da outra, até o círculo se fechar e nenhuma ficar de fora da brincadeira, dando e recebendo carinho e prazer ao mesmo tempo. Vamos nos revezando. Cada uma tem cheiro e sabor diferentes. Em dado momento, viro o centro das atenções de todas elas. São três mulheres me servindo: uma me lambe os seios, outra me chupa gostoso e a terceira monta na minha cara e me oferece o que tem de melhor para que eu lamba, chupe, a faça gozar.

A sequência de orgasmos é alucinante. Os gemidos viram fundo musical para essa festinha de mulheres. Nada de p… falsos, consolos. Só o toque feminino, a boca delicada, a língua treinada, o roçar de peles, seios, bu… E seguimos gozando no meio dessa loucura toda, até que, exaustas, mas satisfeitas, nos rendemos ao cansaço e, abraçadas umas às outras, descansamos até recuperar o fôlego e começar tudo novamente.

Bem, essa é a minha transa ideal. Infelizmente, ela nunca aconteceu, a não ser na minha imaginação, na minha vontade. Mas nunca é tarde para realizar nossos fetiches. Hoje ainda é fantasia. Um dia vai ser uma lembrança capaz de me deixar molhada só de pensar. Com certeza, com a vida que levo, são poucas as experiências que faltam. Acho que não falta nenhuma. Tirando essa suruba feminina, tem outra fantasia que também espero um dia realizar: transar com um PM. Mas tem de ser daqui de São Paulo. Aquela farda deles me deixa maluca. O corte daquele uniforme deixa qualquer homem gostoso. Já repararam? A bunda fica redondinha, empinada, e o volume do saco se concentra de tal jeito que deixa antever que, dali debaixo, vai surgir uma arma mortal. Aquelas camisas e blusões dão um contorno muito sensual, acompanhado dos pés, com coturnos pretos com fivelas grandes. Uau!!!

A transa seria forte, com ele vestido (claro, né!), eu passando a mão nele inteirinho, como se tivesse ganhado um boneco novo para brincar, só para que ele depois me agarre com força, mas sem violência, e fizesse comigo o que quisesse. Eu montada nele, com as pernas cruzadas nas costas dele, de pé, encostado numa parede. Só de pensar em um PM arriando as calças para me comer, nossa, confesso até o que não fiz. Se isso tudo acontecesse em público, então, em um cinema, por exemplo, seria o paraíso. Transar em público, ou sabendo que tem gente me vendo transar, já seria metade do caminho para uma gozada histórica. Juntar duas taras ia ser divino. Bem, agora que já confessei quais são as minhas fantasias mais secretas, quem sabe elas não viram realidade? Alguém se habilita?

Sempre fico me perguntando por que tantos homens ainda procuram garotas de programa. Percebo que, hoje, há pouco diálogo entre os casais, principalmente em relação ao sexo. Falta falar do que gosta (e do que não gosta também) das fantasias. Embora não dê para forçar ninguém a fazer o que não quer: sexo é algo que precisa de dois para rolar. As fantasias assustadoras espantam as esposas (ou podem mesmo acabar com um casamento). Por isso eles nos procuram... Mas as mulheres devem ser putas com seus maridos. Uma "puta mulher": companheira, cúmplice, amiga, fiel, boa esposa e mãe. Mas, na cama, tem que buscar ser uma puta. Vai ser muito bom para os dois, garanto.

Para facilitar as coisas um pouco, acho que dividir minha experiência com as pessoas possa, talvez, ser um bom caminho. Uma contribuição involuntária, mas muito útil, para todo mundo. Vamos dizer que são as DICAS DA BRUNA SURFISTINHA PARA TORNAR SUA VIDA SEXUAL MAIS INTERESSANTE. Não vou ficar aqui "cagando regras" (desculpem-me a expressão). São alguns toques, coisas simples que apimentam essa gostosa brincadeira a dois (ou a três, quatro, cinco...).

SEXO INESPERADO

Não tem nada mais esquisito do que sexo com hora marcada... Com certeza eu marco horário com meus clientes. Mas com um parceiro de verdade, o mais gostoso é a surpresa. Tente pegar a outra pessoa de surpresa, não se importando com a hora e o lugar (desde que não seja em público): no banheiro, na cozinha, nas escadas do seu prédio. Um lugar proibido, com a sensação do risco da descoberta, adiciona uma adrenalina que sensualiza tudo.

JOGO DE SEDUÇÃO

Para um casal apimentar a relação, como disse, nada de "todo sábado depois da novela", hein? Mas há outros truques básicos, como a mulher usar uma *lingerie* bem *sexy* (às vezes, apenas uma cinta-liga já "liga" o parceiro), uma fantasia (enfermeira, encanador, aeromoça...). Um *strip* de mão dupla (cada um vai tirando uma peça para o outro, se revezando) pode ajudar com o medo do ridículo (e desde quando seduzir o outro é ridículo?).

BRINQUEDINHOS

Uma visita a um *sex shop* vai abrir um novo mundo de possibilidades, juro. Não, não tem apenas p... de borracha lá. Se bem que, para começar, pode ser interessante. Voe mais alto: use algemas, vende os olhos do outro, brinque com cheiros e sensações, o tato. Nessas lojas, há um monte de gelzinhos bastante estimulantes, que esquentam mesmo a brincadeira. Um bom motivo para começar uma massagem a dois, daquelas que relaxam e acendem ao mesmo tempo. Um bom filminho pornô no DVD pode botar fogo no negócio. Mas não se esqueça: tudo isso é para fazer das preliminares algo gostoso, que coloca os dois na mesma sintonia para uma trepada quente. Nada disso resolve se for só dois minutinhos e vamos para os "finalmentes".

INTENSIDADE

Tem gente que acha que sexo é sempre como nos filmes pornô: o cara bombando sem dó nem piedade, feito uma britadeira quebrando o asfalto. Pode até ser que se chegue nesse ponto, mas não de saída. O barato é variar a intensidade. Um dia, pode ser todo carinhoso. No outro, mais selvagem. Ou tudo isso na mesma transa. Sexo igual, com roteirinho sempre iguais, vira rotina.

ORAL NELES

Algo que nunca pode faltar, para nenhum dos parceiros. É um carinho diferente e estimulante. É o que mais adoro na cama (seja fazendo – o que, modéstia à parte, faço muito bem –, seja recebendo). Tem cliente que brinca dizendo que eu deveria dar curso às outras mulheres de como fazer. Bem, aqui vai uma parte desse segredo: brinque bastante com a língua em torno da cabeça do pênis, revezando com uma pressãozinha com a boca. Nada de ficar masturbando o homem com a mão. O barato de fazer o sexo oral é exatamente utilizar todas as possibilidades: os lábios, a língua, os dentes (bem de leve), a sucção (que é exatamente igual à que a vagina faz), o espaço dentro da boca. Oral bom é aquele em que a mulher não usa as mãos e faz todo o trabalho apenas com a boca.

Eu sempre começo chupando o saco, que é uma área muito sensível e prazerosa para os homens. Vario entre lambidas e chupadas de leve (lembre-se: as bolas são muito sensíveis. Portanto, nada de machucar), enquanto vou subindo para o pênis, bem devagar. Enquanto faço o oral, imagino como se minha boca fosse uma vagina e estivesse engolindo o pênis. E faço isso de propósito, consciente: eles percebem e ficam imaginando que estão enfiando numa vagina, mas ao mesmo tempo sabendo que gozarão numa boca feminina. O oral tem que ser molhadinho, com a língua girando muito ao redor do pênis, como uma criança chupando com muita vontade um picolé. Quando o homem goza, não se deve ter nojo: continue chupando até sair a última gota.

A intensidade do oral varia de homem para homem (e é preciso descobrir qual o ritmo dele). Uns gostam de movimentos cuidadosos, bem devagar. Outros querem algo veloz. E para perceber como ele gosta? Simples: faça dos dois jeitos e perceba com qual deles os gemidos de prazer são mais intensos, quando seu corpo começa a se contorcer.

ORAL NELAS

O oral feminino é um pouco mais complicado (prestem atenção, garotos). Posso dizer que 80% dos meus clientes fizeram oral em mim. Desses, apenas 10% sabiam o que estavam fazendo. *Rs*. É certo que oral bom para mulheres varia muito de uma para outra, já que cada uma sente prazer de um jeito e em um lugar diferente. Mas saber disso já é um grande passo. Há aquelas que sentem prazer no clitóris; outras, nos grandes lábios; outras ainda, no canal onde há a penetração. Então, rapazes, o caminho ideal é o da tentativa e erro: percorra cada um desses espaços femininos e fique ligado na reação. Você saberá quando achar o caminho certo da tomada para "acender a lâmpada"...

A intensidade também muda, claro. Algumas mulheres preferem apenas lambidinhas leves. Outras curtem que seja feito com força, com direito até a mordidinhas suaves (ou nem tanto: é ela quem vai determinar o limite da força). Eu prefiro a língua no clitóris, com lambidas fortes e com movimentos rápidos. E nada de língua mole: ela deve parecer o meu dedo, quando me masturbo. No *blog*, sempre brinco que tem homens que fazem oral como se fossem cãezinhos com um bife na boca: mordem a bu... e ficam chacoalhando a cabeça, como se adiantasse algo... Pode ter quem goste, mas eu detesto que mordam minha bu...

Deve ser por isso que, por conta de ter que interpretar tantos sinais femininos, quem faz oral melhor numa mulher é, geralmente, outra mulher. Talvez porque a língua seja mais suave, por ela saber o caminho das pedras, por interpretar melhor os movimentos do corpo e da vagina. Para a mulher descobrir o ponto no qual sente mais prazer, o único jeito é se masturbar. Assim, basta mostrar ao homem qual é esse ponto e... pronto! Já a posição, claro, é o 69: você dá e recebe prazer oral ao mesmo tempo. Pode ser com você por cima, com ele por cima (cuidado: nessa posição, eles se acham no direito de ficar bombando do jeito que bem entenderem...), ou ambos de lado.

ANAL

Um monte de mulheres sempre me pergunta, pelo *e-mail*, como se iniciar no anal. Elas dizem que sentem muita vontade mas, sem exceção, assumem o medo da dor, claro, ou dizem já ter tentado e não ter conseguido ir até o fim. Meu conselho: deixe seu parceiro deitado de costas e você vem por cima. Assim, você é quem controla a penetração, o movimento e o ritmo, dentro do que é capaz de suportar. Uma coisa que pode ajudar na penetração é o gel lubrificante.

Para os homens, minha dica é outra: tenham paciência. Deixem a mulher comandar, que escolha a posição à qual já está acostumada (ou que descubra qual é ela, se for iniciante). Para quem já estiver acostumada ao anal, a melhor posição é mesmo de quatro, pois é a que dá mais prazer à mulher. Para as iniciantes, nada feito: é perigoso o homem enfiar tudo de uma vez, como já aconteceu comigo. Não foi bom…

Outra questão recorrente com relação ao sexo anal é sobre a higiene interna. Não é muito agradável que saia alguma sujeira na camisinha depois do anal. Dá para evitar esse tipo de acidente de percurso. A única maneira de eliminar o risco é usando uma duchinha vaginal, que é vendida nas farmácias. É um objeto de borracha, com formato de pera, e que possui um tubinho plástico que você encaixa na parte de cima. Basta encher a base de borracha com água, encaixar o tubinho no ânus e colocá-lo lá dentro. Fique apertando a parte de borracha até que toda a água entre em você. Depois, deixe a água sair normalmente, tirando toda a sujeirinha que estiver lá dentro. Não machuca, não dói e garante um sexo anal limpinho.

Mas, se ainda assim acontecer de sair alguma coisa, por mais constrangedor que seja (e é, garanto), o homem tem que entender que aquele buraco, na verdade, foi feito inicialmente para outra coisa… Com essa lavagem, o risco diminui quase totalmente.

Outra dica: homens, não queiram ir diretamente ao prato principal, por favor. As mulheres precisam estar animadas para fazer anal. Por isso, pense primeiro no prazer dela (para que o seu seja igualmente bom). Muito carinho, muito oral, deixe ela relaxada... Depois disso, os dois vão gozar, muito. Se apenas um gozar, o sexo não foi completo.

OS QUINZE MANDAMENTOS DE BRUNA

1 – Ser liberal na cama e não ter pudor entre quatro paredes.

2 – Realizar todas as fantasias com o seu parceiro, com respeito e com carinho. E com trocas: hoje é a sua fantasia. Amanhã, a do outro.

3 – Ir a *sex shops* juntos para ver as novidades do mercado e, mesmo que não leve nada, já valeu pela diversão.

4 – Variar os ambientes. Sexo só na cama não dá, né?

5 – Variar a intensidade e o jeito do sexo: namoradinhos, selvagem, delicado, apressado...

6 – Muitas preliminares, sempre: são a parte mais interativa do sexo.

7 – Nunca ter dia, horário ou roteiro predeterminados (começa com beijo, depois ele chupa, depois ela chupa e vamos lá...).

8 – Vasculhar o corpo do outro, sem limites: pés, nuca, barriga... descubra o que acende o outro.

9 – Nunca force a barra: respeite o limite do outro. Se quiser passar algum deles, converse muito, relaxe o outro, conduza-o com suavidade.

10 – Faça sempre a mulher gozar primeiro para que ela se entusiasme e parta para o vale-tudo.

11 – Se não conseguir descobrir como o outro gosta mais de fazer as coisas, pergunte com jeitinho.

12 – Demonstre afeto e carinho no "depois": conversem, fumem um cigarrinho ou apenas fiquem abraçadinhos. Gozar, virar para o lado e dormir é o fim da picada...

13 – Não fingir orgasmo apenas para agradar. Se não rolou, não rolou.

14 – Descubram novas posições. Papis e mamis todos os dias, nem pensar.

15 – Se tiver uma fantasia que com certeza vai assustar o outro ou fazê-lo ver você como um tarado, o melhor a fazer é procurar um profissional que o satisfaça.

Conheça outros livros de Bruna Surfistinha: